Instruktion und Arzneiverzeichnis

für die Kompanie-Feldschere

Beiträge zur sächsischen Militärgeschichte zwischen 1793 und 1815

Heft 48

4.) Unguentum althea

Rp. Rad. altheae ℥j

Butyri non saliti ℔vj

coque cum Aquae q. s. lenissimo igne et sub

fine coctiones adde

Rad: curcumae ℥j

abique remotis et adhuc calidis expressis adde

Terebinthinae venetae ℥iij

Resinae albae ℥jx

Cerae flavae ℔j

m.

12.) Tinctura rhei aquosa

Rp. Rhei optimi ℥i,

Salis tartari ℥ij,

Aquae bullientis ℔j,

Decocta una ebullitione stent per diem

et noctem colaturae expresse

adde, Spiritus vini rectificati ℥ß.

m.

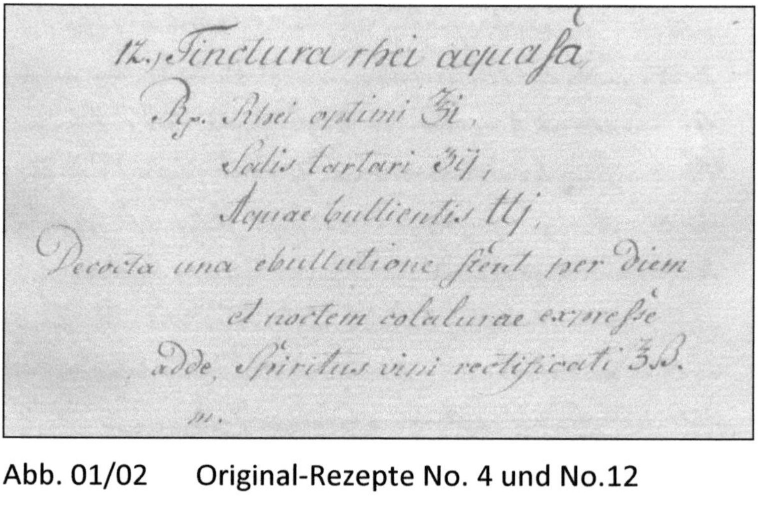

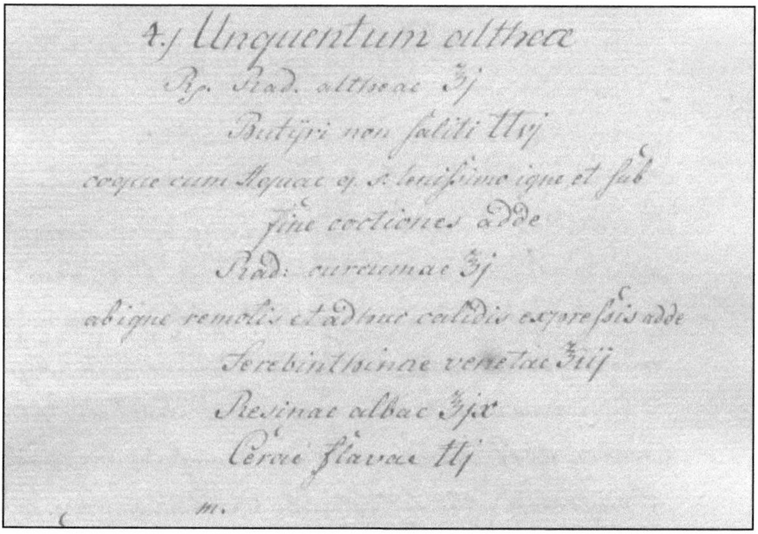

Abb. 01/02 Original-Rezepte No. 4 und No.12

Instruktion

und

Arzneiverzeichnis

für die Kompanie-Feldschere

Bibliographische Information der Deutschen Biliothek

Die Deutsche Bibliothek verzeichnet diese Publikation in der Deutschen Nationalbibliographie; detaillierte bibliographische Daten sind im Internet über http://dnb.ddb.de abrufbar.

Die Deutsche Bibliothek – CIP – Einheitsaufnahme

Jörg Titze (Hrsg.)

Instruktion und Arzneiverzeichnis für die Kompanie-Feldschere

ISBN 978-3-8482-2383-1

Herstellung und Verlag:

BoD - Books on Demand, Norderstedt

Vorwort

Die in diesem Heft wiedergegebenen Vorschriften lauten im Original „Instruction für die Compagnie Feldscheers des Infanterie-Regiments, General-Major von Niesemeuschel", „Verzeichnis derjenigen Arzneien welche in den Kompanie-Feld-Kästen des Infanterie Regiments General Major von Niesemeuschel befindlich sind" und „Verzeichnis derjenigen Arzneien, welche in den Feldkästen der Grenadiers vom Regimente Gen.Maj. v.Niesemeuschel befindlich sind". Sie liegen als Handschriften im Hauptstaatsarchiv Dresden.

Diese Vorschriften wurden am 07.03.1796 für das Infanterie-Regiment des Generalmajors v.Niesemeuschel – offiziell durch den Obersten Heinrich Anton von Biela, real wohl aber durch den Fachvorgesetzten, also durch den Regiments-Chirurgen Gottlob Heinrich Ohle – erlassen. Es ist daher anzunehmen, dass jeder Regiments-Chirurg für das ihm unterstehende medizinische Personal eigene Vorschriften erlassen konnte und auch erließ.

Die Medizin-Kästen waren Eigentum des Regiments-Chirurgen, der diese gegen Erhalt des ausgewiesenen Medizingeldes vollständig zu halten hatte.

Im Verzeichnis der Arzneien wird des öfteren Bezug genommen auf die Materia medica. Damit ist wohl die „De materia medica", die lateinische Übersetzung einer Textsammlung über die Wirkung von Substanzen zu Heilzwecken des griechischen Arztes Pedanois Dioskurides, gemeint.

Am Ende sind die im Text verwendeten Abkürzungen und Maße erläutert.

Auch diesmal gilt mein besonderer Dank dem Team des Hauptstaatsarchivs in Dresden für das so unproblematische Einsehen und Kopieren der Akte.

Natürlich möchte ich mich auch bei Ihnen, verehrter Leser, dafür bedanken, dass Sie sich zum Kauf dieses Buches entschlossen haben. Insofern Sie Ergänzungen, Anregungen und Kritiken haben oder mir einfach nur mitteilen wollen, ob Ihnen das Buch gefallen hat, so können Sie mich via email unter <u>sachsen-titze@t-online.de</u> erreichen.

Ihr

    Jörg Titze

Instruction

für

die Compagnie Feldscheers des

Infanterie-Regiments,

General-Major von Niesemeuschel

1.

Ein jeder Kompanie-Feldscher soll in seinem ihm anvertrauten Posten laut des geleisteten Eides, sich jederzeit treu und fleißig ordentlich und folgsam bezeigen, die Kranken mit Vorsatz niemals versäumen, sondern dieselben nach besten Verstand und Wissen mit Liebe und Teilnahme behandeln, sie auch durch Unachtsamkeit oder Trunkenheit, oder sonst gefährliche Weise nicht verwahrlosen.

2.

Dabei soll er sich der Verschwiegenheit eifrigst befleißigen, seine Kenntnisse durch fleißiges Studieren und genaues Beobachten am Krankenbette immer mehr und mehr erweitern, bei anbefohlenen Sektionen und Untersuchungen der Wunden und Beschädigungen allen möglichen Fleiß anwenden und darüber ein gewissenhaftes Zeugnis ausstellen.

3.

Ein jeder Feldscher muss ferner die im 4ten Kapitel des ersten Buches des Dienstreglements vorgeschriebene Disziplin in allen Stücken die pünktlichste Folge leisten.

4.

Diese Disziplin besteht aber nach den § 1 dieses Kapitels in der strengsten Ordnung, alle Befehle behende und ohne Widerrede in das Werk zu richten, und in der unausbleiblichen Züchtigung der Übertreter.

5.

Es ist daher § 3 eben dieses Kapitels nicht genug, dass ein Feldscher sein Metier gelernt und versteht, sondern er muss auch häuslich gezogen, bescheiden und sittsam sein. Es muss ihm die Redlichkeit, die Treue gegen seinen Landesherrn und der Gehorsam gegen seine Oberen begleiten.

6.

Der Feldscher muss demnach wie jeder andere Soldat, den in und bei dem Regiment und Kompanie vorgestellte kommandierenden Offiziers und den ihm besonders vorgesetzten Regiments-Feldscher allen Gehorsam und Respekt leisten, nach deren Gebot, Verbot und Kommando weder mit Worten noch viel weniger mit der Tat bei Strafe an Leib und Leben, Ehre oder sonst sich vergreifen.

7.

Die Kompanie-Feldschere werden von den Capitains zwar bescheiden und glimpflich behandelt, aber auch wohl – und scharf zu ihrer Schuldigkeit angehalten. Wenn daher ein Feldscher seine Schuldigkeit nicht tut, sondern seine Kranken mit Vorsatz vernachlässigt, oder sich dem Trunk oder anderen Ausschweifungen überlässt, so soll derselbe erst durch Zureden ermahnt, wenn solches aber nichts hilft, mit Arrest belegt, und wenn auch dieses nichts fruchtet vom Regiment getan werden.

8.

Die Feldscher sind im Betreff ihres medizinisch-chirurgischen Dienstes bloß allein dem Regiments-Feldscher untergeordnet, und müssen dessen Befehlen und Anordnungen, auch in moralischer Hinsicht pünktlichste Folge leisten.

9.

Gegen seine Kameraden soll der Feldscher allezeit freundschaftlich und zuvorkommend sich benehmen. Den ältren und erfahrnern soll er in bedeutenden Fällen um Rat zu fragen, sich nicht entbrechen. Den jüngern und unerfahrnen soll er überall mit Rat und Tat beistehen und unterrichten. Niemals aber darf er sich ohne ausdrücklichen Befehl des Regiments-Feldschers in den medizinisch-chirurgischen Dienst eines andern mischen, am allerwenigsten aber Kranke von des andern Kompanie übernehmen und heimlich behandeln.

10.

Wenn aber bei einem entfernten Bataillon oder Kompanie der Regiments-Feldscher einem Feldscher den Befehl gibt, die Aufsicht über seine Kameraden zu führen, so sind letztere gehalten ersterem in allen bedeutenden Fällen um Rat zu fragen und seinen Anordnungen zu folgen.

11.

Der Feldscher muss sich auch niemals in eine allzu große Vertraulichkeit mit den Gemeinen einlassen, weil ein solches vernachlässigtes äußeres Betragen ihm die gute

Meinung und das notwendige Vertrauen seiner Vorgesetzten und Kranken entzieht.

12.

In allen militärischen Verrichtungen soll derselbe nach Vorschrift der General-Inspektions-Ordre d.d. Dresden den 9ten Juli 1795 in völliger Montierung mit einer schwarze Halsbinde und in Stiefeln erscheinen. Und ob ihm gleich zugelassen wird, außer der Musterung eine feine Montierung zu tragen, so darf selbige dennoch nur mit glatten Knöpfen besetzt sein, und sich auf keine Weise der Offiziers-Uniform sich nähern.

13.

Außer dem Dienst ist dem Feldscher jedoch nur einzig in seinen medizinisch-chirurgischen Verrichtungen erlaubt, eigene Kleider zutragen, damit er seine Montierung beim Eingeben, Verbinden, und so weiter nicht verunsaubere. Diese Kleider müssen aber reinlich und anständig sein, und denselben niemals auszeichnen.

14.

Ein jeder Feldscher muss mit seinen eigenen Tascheninstrumenten, Aderlasszeug, Schröpfapparat und Zahninstrumenten vollständig versehen sein, auch überdies die notwendigen Injektions- und Klistier-Spritzen eigentümlich besitzen.

15.

Die Tascheninstrumente und Aderlasszeug soll derselbe jederzeit bei sich führen, und solche beständig sauber, scharf und brauchbar erhalten, und dass sie in dem gehörigen Stande dem Regiments-Feldscher zur Musterung und überhaupt, so oft er solches verlangt, vorzeigen.

16.

Eben so muss er auch mit einer hinlänglichen Anzahl Binden, einer Quantität Charpie und dem notwendigen accidentalen Apparat besonders zur Rettung der Scheintoten versehen sein, und sich daher auch mit der Methode, solche Leute zu retten, sehr genau bekannt zu machen.

17.

Nicht weniger soll ein jeder Feldscher die zu seinem Metier unumgänglich notwendigen Bücher besitzen, damit er fort studieren, seine Kenntnisse erweitern, und in bedenklichen Fällen sich Rat erholen kann. Wenn er diese Bücher nicht besitzt, so soll ihm alle Monate etwas von seiner Löhnung zur Anschaffung derselben abgezogen werden.

18.

Einen jeden Kranken meldet er, wenn er von ihm untersucht und mit Arzneien versorgt worden ist, sogleich an den Capitain und Feldwebel. Alle Morgen aber rapportiert er seinem Capitain das Befinden der in der Kompanie befindlichen und ihm anvertrauten Kranken.

19.

Da § 21 des 4ten Kapitels des 1sten Buches des Dienstreglements durch den Feldwebel der Dienst der ganze

Kompanie geht, und er alles an den Kompanie-Kommandanten und übrigen Offiziers zu melden hat; so muss demselben hinwiederum ein jeder Vorfall der Kompanie ohne Zeitverlust genau und pünktlich gemeldet werden.

20.

Beim Rapportieren des Befindens der Kranken muss der Feldscher niemals mehr versprechen als geleistet werden kann. Er muss daher im Vorsagen sehr behutsam sein, und sich vorher von der ganzen Lage der Sachen genau überzeugen, ehe er es wagt, über den Ausgang einer Krankheit zu urteilen.

21.

Alle Morgen im Sommer um 7 im Winter um 8 Uhr soll jeder beim Stab stehende Feldscher dem Regiments-Feldscher, von dem Befinden seiner Kranken Rapport abstatten, nachdem er vorher dieselben genau untersucht und mit Arzneien versehen hat.

22.

Dem Regiments-Feldscher aber wird ein jeder Kranker gemeldet, er mag leicht oder schwer krank sein. Es muss derselbe von jedem Zuwachs und Abgang auf das genaueste unterrichtet werden. Der Regiments-Feldscher bestimmt, ob der Kranke im Quartier bleiben oder ins Lazarett gebracht werden soll. Eben so befiehlt er, was mit einem jedweden weiter geschehen soll.

23.

Wenn ein Offizier krank geworden ist, und nicht etwa einen besonderen Arzt verlangt, so muss sogleich dem Regiments-Feldscher gemeldet und dessen Verordnung eingeholt werden.

24.

Im Standquartier alle halbe Monate, in Kantonnements alle Sonnabende und auf Märschen mit jedem Rasttag muss ein jeder der Feldscher einen vollständigen Krankenrapport nach dem Schemata No I an den Regiments-Feldscher einsenden, entweder durch den die Tour habenden Feldscher, wenn das Bataillon beisammen ist, oder unmittelbar wenn die Kompanien getrennt liegen.

25.

Alle halbe Jahre nämlich den letzten April und Oktober erhält der Regiments-Feldscher einen vollständigen Bericht nach eben dem Schemata No. I. In diesem Rapporte sind sowohl alle an den Stab gemeldete, als auch alle bloß in der Kompanie geführte Kranke monatlich aufgeführt.

26.

Steht das Regiment im Felde, und ein Kranker soll in das Feld-Lazarett gebracht werden, so muss der Kompanie-Feldscher dem einen Feldscher, welcher den Transport begleitet, einen Rapport einhändigen nach dem Schema No. II. Dieser Rapport soll bei Strafe niemals vergessen werden, denn von ihm hängt die ganze künftige Behandlung des gegenwärtigen Kranken ab.

27.

Denselben Rapport bringt auch ein jeder Kranker mit in das Stabs-Lazarett, wenn er dahin von einem entfernten Bataillon oder Kompanie gebracht wird.

28.

Über die bei der Kompanie vorgefallenen Kranken, sie mögen an den Stab gemeldet sein oder nicht, wird ein sehr genaues und vollständiges Tagebuch, in welchen nach dem Schemata No. III nicht nur der Vor- und Zuname und die Charge eines jeden Kranken, das Alter, die Art der Krankheit und ihrer Zufälle, der Anfang und das Ende der Krankheit richtig angegeben, sondern auch den Verlauf derselben und die angewendeten Mittel treulich aufgezeichnet werden sollen. Solche Tagebücher erweitern die Kenntnisse, und legitimieren den geschickten Mann.

29.

Dieses Journal wird dem Regiments-Feldscher zur Muster-Zeit zur Durchsicht vorgelegt, und das solches geschehen, von ihm mit einer Signatur in demselben bemerkt. Welcher Feldscher solches Journal zu halten versäumt, soll seiner Nachlässigkeit wegen bestraft werden.

30.

Ein gleiches Journal wird über alle in der Kompanie befindlichen Invaliden nach dem Schemata No. IV gehalten. In demselben wird die Zu- und Abnahme der Invalidität und die Gründe für und wider dieselbe deutlich aufgezeichnet, und allezeit der Tag angemerkt, an welchem der Invalid untersucht worden ist, welches bei den Brüchigen bei jeder monatlichen Untersuchung geschehe soll.

31.

Solches Journal setzt den Regiments-Feldscher in den Stand genauer und richtiger von der Invalidität zu urteilen, und soll demselben ebenfalls zur Durchsicht Musterungs-Zeit vorgelegt und von ihm, dass solches wirklich geschehen, mit der Signatur bestätig werden.

32.

Von 8 Tagen zu 8 Tagen hat ein Feldscher nach der Anciennität der Kompanie die Tour im Regiment oder Bataillon. Dieser besorgt alle Kranke, welche solches auf der Wacht werden so lange, bis sie ins Quartier gebracht und dem Feldscher der Kompanie übergeben worden sind. Eben derselbe verpflegt auch alle Kranke von fremden Regimentern so lange sie sich in ihren Quartieren befinden. Nicht minder wartet er die kranken Haut-Boisten, Pfeiffer und Arrestanten, und besorgt die monatliche Visitation der erstern im Quartier des Adjutanten. Alle Rekruten visitiert er zuerst und präsentiert selbige alsdann zur Untersuchung dem Regiments-Feldscher. Endlich liegt ihm auch die Pflicht auf, den halbmonatlichen Regiments- oder Bataillons-Rapport nach dem Schema No.I, nachdem er vorher denselben bei dem Adjutanten collationiert hat, zu fertigen.

33.

Der Feldscher du Tour meldet sich aber, bei seinem Antritt und Abgang bei dem Adjutanten und Regiments-Feldscher, übernimmt von seinem Antecessori den Dienst gehörig und muss sich beständig zu Hause befinden, um alle Zeit sogleich bei der Hand zu sein.

34.

Der Feldscher, welcher die Tour im Regiment los wird, bekommt so dann die Tour im Lazarett und meldet sich deshalb bloß allein beim Regiments-Feldscher.

35.

Der ins Lazarett kommandierte Feldscher findet sich alle Morgen um 9 Uhr bei der Ordination des Regiments-Feldschers im Lazarett ein, und siehet sodann Nachmittags nach, wie sich die in demselben befindlichen Kranken befinden, und gibt genau acht, ob auch der Lazarett-Feldscher seiner Schuldigkeit wirklich Genüge leistet. Eben derselbe unterstützt auch ihn in seinen Verrichtungen, und vertritt dessen Stelle, wenn er krank ist oder in Berufsgeschäften ausgehen muss. Endlich hat er auch die Richtigkeit des Kranken-Journals im Lazarett fleißig und genau zu halten und zu sehen.

36.

Bei der Wechslung der Wäsche im Lazarett muss außer den Unteroffizier du Tour noch der Feldscher, welcher die Tour im Lazarett hat, zugegen sein und mit jenem genau darauf sehen, dass nicht nur die frisch gegebene Wäsche rein gewaschen und ganz ist, sondern auch nach ihren Zeichen F, H, S und V den Fieberkranken,

Haitischen, Siabiösen und Venerischen ordentlich gereicht, und nicht verwechselt werde.

37.

Wenn das Regiment exerziert, so ist von jedem Bataillon ein Feldscher kommandiert, dasselbe zu begleiten. Dieser muss sowohl seine Tascheninstrumente bei sich führen als auch die notwendigsten Hilfsmittel und Verbandstücke mit sich nehmen, um den Kranken und Verwundeten sogleich beizustehen.

38.

Wenn der Kompanie-Feldscher einen Rekruten untersucht, so muss derselbe vor allen Dingen aufs Ebenmaß der Glieder, Gelengigkeit derselben, Kraft und Stärke der Muskeln, Beschaffenheit der Haut und Zähne, des Halses, der Brust und besonders der Bauchgegend, Schärfe der äußern und innren Sinne sehr genau sehen, und wenn er etwas entdeckt, was dem Regiments-Feldscher bei der Untersuchung einen Fingerzeig abgeben könnte, ihm sogleich solches mündlich oder schriftlich pflichtmäßig anzeigen.

39.

Der Feldscher muss sich auch bemühen, die Leute der Kompanie so genau als möglich kennen zu lernen, und zwar solches sowohl physisch in Rücksicht ihrer Leibesbeschaffenheit und Lebensart, als auch moralisch in Rücksicht ihrer Neigungen und Leidenschaften, damit er in den Stand gesetzt werde, ihre Krankheiten und Invaliditäten desto genauer und besser einsehen und beurteilen zu können.

40.

Alle 11ten und 26ten bei den entfernten Kompanien und alle 1sten und 16ten bei dem Stabe soll der Feldscher nach dem § 5 15ten Kapitels des 4ten Buchs des Dienstreglements in Gegenwart des Premier Leutnants und der Unteroffiziers von jeder Korporalschaften, die ganze Kompanie genau visitieren, oder die daselbst gesetzte Strafe zu gewarten haben.

41.

Bei dieser Visitation muss derselbe nicht nur die eigentlichen Geschlechtsteile, nämlich die Rute mit ihrer Eichel und Vorhaut, samt den Hoden und ihrem Beutel, sondern auch die Leisten, die Gegenden der Bauchöffnungen, den ganzen Niederbruch und das Gesäße genau untersuchen, dabei aber auch noch besondere Achtung zu geben, auf die Beschaffenheit der Haut, damit sowohl Venerische und Brüchige als auch Ausschlagkranke bei Zeiten entdeckt und gehörigen Orts gemeldet werden können.

42.

Ist ein Mann bei der Visitation oder sonst venerisch oder krätzigt befunden worden, so muss solches sogleich wie § 18 an den Capitain und Feldwebel gemeldet, der Kranke aber nicht bei der Kompanie von den Feldscher behandelt, sondern dem Regiments-Feldscher in das Stabslazarett, wenn es dringend ist, sogleich, ist es solches aber nicht mit den Monats-Sachen, auch wenn der Mann unterwegens keiner medizinisch-chirurgischen

Pflege nötig hat, durch den Unteroffizier geschickt werden.

43.

Hat ein Mann einen Bruch überkommen, so muss der Feldscher alsbald dem Regiments-Feldscher rapportieren, und da auf ein gutes Bruchband bei der Radikaliur sehr viel ankommt, dem Rapport die Länge des mit einem Faden gemessenen Beckens beifügen, damit der Regiments-Feldschers dem Kranken ein tüchtiges Bruchband bald möglichst verfertigen lassen kann, daher soll auch kein Feldscher ohne Vorwissen und Genehmigung des Regiments-Feldschers ein Bruchband verfertigen lassen. Bei der monatlichen Visitation hat auch der Feldscher dahin zu sehen, dass auch die Brüchigen die ihnen angelegten Buchbänder wirklich gebrauchen und nicht mutwilligerweise ablegen, sobald er solches bemerkt, muss er sogleich gehörig dieses anzeigen, damit der Mann dazu angehalten werden kann.

44.

Sobald ein Mann sich für invalid angibt, hat der Feldscher ihn nicht nur alsbald genau und vorsichtig zu untersuchen, und dem Regiments-Feldscher davon Rapport abzustatten, sondern auch von diesem Augenblick an besonders auf denselben zu vigilieren, und inwiefern dessen Invalidität gegründet oder ungegründet ist, auf das sorgfältigste anzuwenden , und zu seiner Zeit gehörigen Orts zu melden, damit nicht etwa solche Leute für wirklich invalid gehalten werden, welche aus Faulheit oder Nebenabsichten sich invalid stellen, und es doch in der Tat nicht sind.

45.

Die Invaliden sind dreifach, nämlich Ganze, Halbe und einstweilige Invaliden.

46.

Die Ganzinvaliden sind durchaus unfähig, militärische Dienste zu leisten und zwar sowohl im Lande als im Felde. Von dieser Art sind sehr Alte, Blödsinnige, Rasende, Fallsüchtige, mit Zuckungen oder dem Veitstanz behaftete, Gelähmte, Blinde, von Traubenknoten, Fellen auf der Hornhaut, schwarzen Star, Stumme, Taube, Kurzatmige, Schwindsüchtige, Bucklige, Schiefbeinige, Hinkende und solche, welche Fleischbrüche mit verhärteten Samenstrang, oder sehr große Hodensackbrüche haben, welche angewachsen, und nicht zurück zu bringen sind.

47.

Halb-Invaliden sind solche, welche zwar nicht fähig sind, Dienste im Felde wohl aber im Lande in Schwindlige, Einäugige, Halbtaube, welche Mangel an Zähnen haben, an der Nase verunstaltete, Kröpfige, Sirophylöse, welche Blut speien und chronisches Herzklopfen haben, Geschwundene, welche an Gelenksteifigkeit und Fußverkürzungen leiden.

48.

Die einstweiligen Invaliden sind diejenigen, welche solche chronische Krankheiten haben, die sie zwar vor der Hand unfähig machen Kriegsdienste zu leisten, immer aber noch Hoffnung lassen, durch die Kunst wieder hergestellt zu werden. Dergleichen Invaliden sind alle Melancholischen, die welche den guten Kopfgrind haben, Starblinde, von Gicht geschrundene und Contracte, mit Goldadern, Steißfisteln, Fleischbrüchen und Wasserbrüchen behaftete.

49.

Die Kranke im Lande und besonders im Felde und die Maroden auf Märschen, muss der Feldscher genau untersuchen, damit nicht etwa einer durch Verstellung sich seiner Dienste entziehe.

50.

Die Kommando, welche einen Feldscher betreffen, sind entweder in der Kompanie oder im Regiment. Die Kompanie-Kommando sind besonders und selbstständig. Die Regiments-Kommando aber sind allgemein und gehen der Reihe nach durch.

51.

Die Regiments-Kommando betreffen Kranke von fremden Regimentern und Kompanien, welche entweder in der Ferne untersucht oder von daher ins Stabs-Lazarett transportiert werden.

52.

Solche Kommando § 51 sind entweder groß oder klein, ersteres ist über letzteres aber unter 3 Meilen.

53.

Der Tour nach kommen die großen Kommando von Oben herab, die kleinen von unten hinauf.

54.

Da oft ein Feldscher wohin kommandiert wird, so hat er sich vor allen Dingen gehörigen Orts zu melden. Es geschieht aber solches bei seinem Capitain, bei dem Adjutanten und bei dem Regiments-Feldscher.

55.

Wird ein Feldscher vom Stabe kommandiert, so erhält er von dem Adjutanten seinen Pass, und die nötige Anweisung, und von dem Regiments-Feldscher den erforderlichen Unterricht, wie er sich in dem gegenwärtige Fall zu benehmen und an wem er die Kompanie in der Zwischenzeit zu übergeben hat.

56.

Bringt ein Feldscher einen entfernten Kranken ins Stabs-Lazarett, so muss sich derselbe vor allen Dingen bei seinem Regiments-Feldscher, dann beim Adjutanten und zuletzt weiter hinauf bis zum Chef gehörig melden, damit der Kranke sogleich mit allen Notwendigkeiten versehen werden kann.

57.

In den Rapport, welchen derselbe über das Befinden eines solchen Kranken an den Regiments-Feldscher macht, hat er pflichtmäßig anzuzeigen, ob der Kranke sich die Verletzung in seinem Handwerk oder seiner

Hantierung zugezogen, oder durch Händel zu Schaden gekommen ist.

58.

Auch soll derselbe jeden Beurlaubten, wenn dessen Krankheit anders nicht in wenigen Tagen behoben ist, oder sich nicht die Gefahr der Krankheit durch den Transport verdoppelt, ohne Rücksicht auf dessen Vorwort und Nebenumstände zu nehmen, sogleich ins Stabs- oder Interims-Lazarett transportieren, weil die Erfahrung häufig gelehrt hat, dass dergleichen Kranke entweder von dem Vorwande aus Mitleiden, oder von den Landärzten aus Unwissenheit oder weiter Entfernung vernachlässigt worden, und dadurch in den größten Schaden geraten sind. Lässt sich der Feldscher darinnen etwas zu Schulden kommen, so hat sich derselbe die Verantwortlichkeit selbst zu zuschreiben.

59.

Ganz besondere Kommando sind diejenigen, welche in das Collegium medico chirurgicum nach Dresden geschehen. Diese geschehen in keiner anderen Absicht , als um die Kenntnisse der dazu bestimmten Feldscher zu vervollkommnen und zu vermehren. Sie gehen sogleich nach den Fähigkeiten nicht aber nach den Privat-Verhältnissen. Der Regiments-Feldscher bestimmt daher das Subjekt, welches sich hierzu qualifiziert.

60.

Derjenige Feldscher, welcher einmal nach Dresden kommandiert gewesen ist, kann so dann seinen Abschied nicht eher erhalten, als bis er nach der Ordre von 4ten Febr. 1788 6 Jahre gedient hat und sein Fortune legitimieren kann. Sobald das Regiment auf den Feld-Etat steht, kann kein Feldscher mehr den Abschied erhalten.

61.

Bei einer jeden Kompanie befindet sich ein Feldarzneikasten. Die in demselben befindlichen Arzneien werden dem Feldscher zur alleinigen Besorgung anvertraut. Er hat daher vor allen Dingen zu verhüten, dass dieselben ja nicht etwa durch irgend ein Versehen zu Schaden kommen.

62.

Daher muss er bei einem bevorstehenden Marsch diesen Kasten auf den Kompanie-Rüstwagen so platzieren lassen, dass die darinnen befindlichen Medikamente weder durch Hitze noch durch Kälte oder Nässe verderben, unbrauchbar, ja wohl gar schädlich werden. Es ist daher auch niemals erlaubt, denselben äußerlich auf den Rüstwagen zu befestigen.

63.

Die ihm von dem Regimentsfeldscher anvertrauten Arzneimittel sind demselben genau zu berechnen und kein Feldscher soll nach § 6 des 15ten Kapitels des 4ten Buches des Dienstreglements bei Strafe es sich zu Schulden kommen lassen, aus dem Kompanie-Kasten fremde Personen zu Schaden des Regiments-Feldschers widerrechtlich zu kurieren.

64.

Es bekommt aber aus dem Feldkasten niemand einige Arznei, als bloß die Unteroffiziers und Gemeinen allein, und im Felde überdies noch die Proviant- und Wagenknechte.

65.

Ausgeschlossen sind demnach alle Oberoffiziers, die Wagenmeister und alle Weiber und Kinder der Soldaten.

66.

Melden sich Kranke von fremden Regimentern, so hat der Feldscher sich sogleich mit den erforderlichen Arzneien aus den Kompanie-Kasten zu versehen. Es steht ihm daher nicht frei, die Arzneien aus der Apotheke zu verschreiben, es wäre denn, dass just zu der Zeit diese oder jene Arznei notwendig, in seinen Kasten ausgegangen und durch keine andere zu ersetzen wäre.

67.

Die solchen Kranken gereichten Arzneien werden so dann gehörig in das Kranken-Journal § 28 aufgezeichnet, und wenn der Kranke gesund worden ist, nach ihren Gewicht, wie in dem Schemata No. IV vorgeschrieben ist, den Regiments-Feldscher durch Rapport zuzurechnen.

68.

Es soll auch der Feldscher einen jeden Kranken von einem fremden Regiment eben so treu behandeln und pflegen, als die ihm anvertrauten im Regiment und für dessen Besorgung weder von ihm noch von dem

Regiments-Feldscher des andern Regiments etwas verlangen.

69.

Ist der Kompanie-Feldscher vom Regiments-Feldscher entfernt und sogleich ihm die Verordnungen der Arzneien bei einem Kranken bis zu weiterer Anweisung des Regiments-Feldschers überlassen, so hat sich derselbe an die vorgeschriebenen einfachen und wirksamen Mittel zu halten, und alle unnötigen Kosten in Rücksicht der Komposition und des Geschmacks zu vermeiden, weil dadurch die Arzneien nicht verbessert, sonder weit eher verschlimmert, ja sogar unwirksam gemacht werden.

70.

Er hat sich daher in Ansehung der Auswahl der anzuwendenden Mittel einzig und allein nach dem von dem Regiments-Feldscher ihn mitgeteilten Regiments-Dispensatorium auf das genaueste zu richten, und soll eigenmächtig davon nicht im mindesten abweichen.

71.

Von diesem Dispensatorio soll ein jeder Feldscher eine von dem Regiments-Feldscher signierte Abschrift besitzen, und alle Jahre bei der Musterung selbige den Regiments-Feldscher vorzeigen, auch alsdann die in der Zwischenzeit von demselben gemachten Verbes-serungen ihm einverleiben.

72.

Alle Arzneien muss der Feldscher seinen Kranken selbst eingeben, und selbiges niemals dessen Wirtsleuten oder dem Krankenwärter überlassen, weil auf diese Weise die Arzneien nicht selten weggeworfen, der Kranke vernachlässigt und unwiederherstelliger Schaden verursacht werden kann.

73.

Alle zusammengesetzte Arzneien muss der Feldscher nach der im Regiments-Dispensatorio von dem Regiments-Feldscher erhaltenen Vorschrift zusammen-mischen, damit er von der Beschaffenheit und Wirkung derselben, nicht nur genau urteilen, sondern auch Rat und Antwort geben kann.

74.

Sobald in dem Feldkasten ein Arzneimittel auszugehen anfängt, so hat er diesen Defekt alsbald dem Regiments-Feldscher durch Rapport zu melden, da er dann bei Zeiten wieder ersetzt worden ist, damit auf diese Weise es ihm niemals an erforderlichen Hilfsmitteln gebreche.

75.

Da nun solchergestalt der Feldkasten beständig mit einem hinlänglichen Vorrat von Mitteln versehen ist, so wird es dem Feldscher unter keinem Vorwande verstattet, aus irgend einer Apotheke auf Rechnung des Regiments-Feldschers eher eine Arznei zu verschreiben, als wenn dieselbe in der Zwischenzeit ohne sein Verschulden bereits ausgegangen und dringend nötig ist.

76.

Bei dem Gebrauch heftig wirkender Mittel muss der Feldscher sehr vorsichtig zu Werke gehen, sich keines Fehlers zu Schulden kommen lassen, und sich genau an die Verordnung des Regiments-Feldschers binden.

77.

Daher sollen auch dergleichen Mittel nicht leichtsinnig aufgehoben, sondern besonders bezeichnet werden, damit auf keine Weise eine Verwechslung möglich, und dadurch Schaden verursacht werden kann.

78.

Aus demselben Grunde, darf auch kein Feldscher irgend jemand, ohne dass es von Kränklichkeit oder wirklicher Krankheit angezeigt worden ist, zur Ader lassen, oder zu brechen, oder purgieren geben, weil durch diese zur Unzeit angewendeten Mittel sehr oft unwiederherstelliger Schaden angerichtet werden kann.

79.

Wird der Feldscher zu einem Kranken gerufen, so soll er sich augenblicklich zu demselben begeben, und wenn er ihn untersucht hat, mit der notwendigen Arznei und Pflege versehen.

80.

Ist der Fall wichtig, so hat er sich sogleich beim Regiments-Feldscher Rat zu erholen, und ist dieser entfernt, so bespricht er sich über die Krankheit mit seinen übrigen Kameraden und macht sogleich eine schriftliche Meldung an den Regiments-Feldscher.

81.

Ein jeder Kranker, und wenn er auch noch so leicht ist, muss von dem Feldscher täglich wenigstens einmal besucht werden, bei schweren Kranken geschiehet solches 2, 3 ja 4mal, und in ganz schweren Fällen ist derselbe auch verbunden, bei seinem Kranken zu wachen.

82.

Wird ein Feldscher selbst krank, so muss er solches sogleich an die Kompanie bei welcher er steht, und an den Regiments-Feldscher melden, welcher letztere sodann den Feldscher ernennt, welcher die Kompanie unterdessen versehen soll. Zwei und zwei Feldscher schwadronieren beständig mit einander.

83.

Alle schwere, ansteckende, venerische und krätzige Kranke werden nicht in den Quartieren behandelt, sondern sogleich ins Stabs- oder nach Beschaffenheit der Umstände auch in das Interims-Lazarett geschafft. Muss der Kranke transportiert werden, und braucht derselbe unterwegs medizinisch-chirurgische Hilfe, so muss er von dem Feldscher in das Lazarett begleitet werden.

84.

Der Feldscher muss mit Zuziehung des den Kranken in seiner Korporalschaft habenden Unteroffiziers besonders darauf sehen, dass es dem Kranken niemals an reiner Luft und Reinlichkeit fehle, dass der Kranke sich fleißig wasche, kämme und seine Wäsche gehörig wechsle. Kann solches der Kranke nicht selbst tun, so muss es der ihn wartende Kamerad unter Aufsicht des Unteroffiziers verrichten.

85.

Bei der Behandlung seiner Kranken siehet der Feldscher sehr genau auf eine der Krankheit angemessene Diät. Diese aber ordnet er nach der von dem Regiments-Feldscher schriftlich entworfenen und im Stabs-Lazarett gewöhnlichen Norma. Diese Norma muss er sich daher sehr genau bekannt machen, und beständig vor Augen haben.

86.

Wenn nach einer großen Operation, welche jederzeit der Regiments-Feldscher selbst verrichtet, eine Verblutung oder andere bedeutende Zufälle zu befürchten sind; so müssen die Feldschers nach der Reihe bei den Kranken wachen, und genau auf denselben Achtung geben, damit sie sorgfältig verhindert, und wenn sie entstehen, sogleich wieder gehörig gestillt werden.

87.

Die Kranken sind verbunden dem Feldscher, wenn er ihnen etwas von Arznei, Diät pp. verordnet, auf das genaueste zu folgen. Will sich der Kranke dessen Verordnungen nicht unterwerfen, oder sich denselben wohl gar widersetzen, so meldet solches der Feldscher sogleich bei der Kompanie, wo dann der Kranke entweder zu seiner Schuldigkeit angehalten, oder auch wenn er es verdient hat, gehörig bestraft werden wird.

88.

Wenn ein Kranker nicht ins Lazarett gebracht werden kann, sondern in seinem Quartier bleiben muss, und sich nicht selbst zu pflegen vermag, so muss der Feldscher bei der Kompanie darauf antragen, dass den Kranken zu warten ein verständiger Gemeiner kommandiert wird. Diesen unterrichtet er in den dem Kranken zu leistenden Beistand. Der Krankenwärter muss sodann dem Feldscher auf das pünktlichste folgen. Die Arzneien aber muss der Feldscher § 72 dem Kranken selbst reichen.

89.

Ist ein solcher Kranker so gefährlich, dass man billig an seinem Aufkommen zweifelt, so muss der Feldscher solches nicht nur bei der Kompanie gehörig melden, sondern auch dem Kranken selbst die Wichtigkeit seiner Krankheit so vorstellen, dass wenn derselbe den Zuspruch eines Geistlichen oder das Heilige Abendmahl verlangt, solches noch bei Zeiten besorgt und gereicht werden kann.

90.

Stirbt ein Kranker, so muss der Feldscher den verblichenen Leichnam annoch 16 bis 20 Stunden in seinem Bette liegen, und alsdann erst wenn sich in dieser Zeit keine Spur eines vorhandenen Lebens gezeigt hat, an den für die Leichen bestimmten Ort bringen lassen, und sich überhaupt dem Höchsten Mandat vom 11ten Febr. 1792 gemäß dabei benehmen.

91.

Wenn ein Krätziger oder Venerischer aus einem Quartier in das Lazarett gebracht worden ist, so muss, ehe in dasselbe Quartier ein anderer Mann gelegt wird, zuvor das Bette, in welchen der Kranke geschlafen hat, frisch überzogen, und ob solches gehörig geschehen, von Seiten der Kompanie gehörig untersucht werden.

92.

Alle Übeltäter, wenn sie medizinisch-chirurgische Hilfe benötiget sind, und der Armee zugehören, müssen von dem Feldscher ohne Weigerung zur Behandlung übernommen, und auf das fleißigste und pünktlichste abgewartet werden.

93.

Ist der Kranke wieder genesen, so muss ihn der Feldscher dennoch alle Tage wenigstens einmal bis zur Abmeldung besuchen, damit er ihn beobachten, und bei Zeiten entdecke, ob derselbe wieder recidiv werde. Solches ist um so notwendiger, da es gewisse Tage gibt, an welchen Genesene besonders leicht wieder zurückfallen.

94.

Sind Kranke oder Genesene sehr entkräftet und bedürfen besonderer diätischer Unterstützung, so hat solches der Feldscher seinem Capitain bescheiden vorzutragen und denselben zu vermögen, den Kranken oder Genesenen mit Bouillons und anderen Erquickungen zu unterstützen.

95.

Wird ein Kranker wieder gesund, so muss der Feldscher den Capitain und Feldwebel melden, ob derselbe noch Ruhe zu seiner Erholung nötig habe, es auch sodann nach völliger Wiederherstellung wenn der Genesene für einen Rückfall gänzlich gesichert ist, fernerweit anzeigen, dass derselbe zum Dienst genommen werden kann. Es kann daher kein Genesener eher wieder in Dienst genommen werden, als bis derselbe bei der Kompanie und durch diesen beim Stabe gehörig gemeldet worden ist.

96.

Wird marschiert, so soll der Feldscher im Felde außer seinen Taschen- und Aderlass-Instrumenten, noch eine Quantität Arzneien, Binden und Charpie bei sich haben, damit er jederzeit Beistand zu leisten im Stande ist.

97.

Der ganze Apparat, welchen er bei sich führen muss besteht aber namentlich in 1 Dutzend Binden und eben soviel Kompressen, ½ Pfund Charpie, einen Badeschwamm, einen Tourniquet, 2 Lot Hallersches Elexier eben soviel Salmiakgeist und Hofmannischen Geist, 3iv Limanaden- und 3y resolvierendes Pulver, etwas Bleizucker, Brustteer und Pflaster. Alles dies kann teils in einem bequemen Etui von Pappe, teils aber auch in einen leinenen Säckgen eingeschlossen ohne Unbequemlichkeit in der Tasche getragen werden.

98.

Auf keinen Marsch soll sich der Feldscher ohne Erlaubnis des Capitains und wenn das Regiment zusammen marschiert, ohne Vorwissen des Regiments-Feldschers nicht von der Kompanie entfernen, sondern dieselbe beständig begleiten. Die Maroden den hierzu kommandierten Unteroffizier, die Kranken aber dem bei der Arrier-Garde befindlichen Feldscher übergeben, selbige aber nicht eher verlassen, als bis für ihre weitere Pflege die gehörigen Veranstaltungen getroffen wurden.

99.

Wenn marschiert wird, so wird alle Tage ein Feldscher mit den notwendigen Arzneien zu den Kranken und Maroden kommandiert, welcher sich zuvor bei dem Adjutanten und Regiments-Feldscher gehörig gemeldet.

100.

Soldaten, welche sehr dick sind, Kröpfe oder eine schmale flache Brust haben, werden sehr leicht marode. Solchen Leuten lässt man ihr Gepäck niederlegen, den Hals, die Weste, die Hosen und Gamaschen aufknöpfen, ein wenig ruhen, und erquickt sie mit säuerlichen Getränke, wozu sich besonders das verdünnte Hallersche Elexier empfiehlt, auch wohl einige Tropfen von dem Hofmannischen oder süßen Salpetergeiste. Aderlässe berauben sie ihrer Kräfte und stürzen sie vollends nieder.

101.

Auf Märschen im Felde, muss sich der Feldscher beständig die Möglichkeit vorstellen, dass ein Soldat mit oder ohne seine Schuld verwundet werden kann; daher muss er immer mit dem zum Verbande notwendigen Apparat versehen sein.

102.

Wenn auf Märschen in der Nähe des Lagers oder bei einem Angriffe sich Marode finden, und Angaben zweideutig ist, so muss sie der Feldscher mit Schärfe zu ihren Pflichten anhalten, weil hier der Irrtum von keinem Nachteil für den Mann, wohl aber zum Nachteil des Ganzen ausfällt.

103.

Sobald ein Mann im Lager krank wird, so müssen dessen Zeltkameraden ihn mit Pflege und Wartung unterstützen und für Getränke und Nahrung besorgt sein. Der Feldscher hat mit Zuziehung des Feldwebels oder des im Zelte liegenden Unteroffiziers darauf pünktlich zu sehen, alle Medikamente aber mit eigener Hand einzugeben, und auf den Verlauf der Krankheit und die Wirkung der angewendeten Mittel genau Achtung zu geben.

104.

Es werden aber keine andere Kranke im Lager behalten als bloß leichte; schwer Kranke werden sogleich in das Feld-Lazarett geschickt, damit teils der Kranke bei Zeiten in die erforderliche Wartung und Pflege kommt, teils aber bei einem unvermuteten Aufbruch des Regiments, niemand wegen dessen Fortschaffung in Verlegenheit komme.

105.

Bei einem Angriff muss der Feldscher nicht nur mit guten Bistouris einer spitzigen Arterienpinzette und gehörigen Nadeln und Faden versehen sein, sondern auch an Charpie, gestrichenen Pflaster, Kompressen, Schusswasser, Salmiak-Geist und Binden keinen Mangel leiden.

106.

Kommt es zum Treffen, so befinden sich die Feldscher hinter der Front an einem sicheren, von dem kommandierenden Hrn. General anbefohlenen Ort.

107.

Die Verwundeten werden nach den Regeln der Kunst so geschwinde und so sanft als möglich verbunden. Hat der Mann selbst Binde und Charpie, so nimmt der Feldscher selbige, wo nicht, so verwendet er die aus seinem eigenen Vorrate. So viel möglich, muss weder Charpie noch Binden verschwendet werden, damit nicht etwa noch während der Aktion Mangel an selbigen entsteht. Gehen Bandagen aus, so nimmt man die Hemden und Tücher der Verwundeten zu Hilfe.

108.

Alle geschossene Wunden müssen vor allen von fremden Körpern das heißt Kugeln, Knochensplittern und Kleidungsstücken befreit und daher, und dass ihr Grund geöffnet werde, durch das Messer, nach dem Lauf der Fleischfasern und ohne wichtige Teile zu verletzen, in eine Schnittwunde verwandelt, und entweder mit kalten hinlänglich verdünnten Schusswasser, oder mit Essigwasser verbunden werden.

109.

Gehauene Wunden werden auf der Stelle durch Wiedervereinigung an einander gebracht, und daher zwischen ihren Lefzen weder Charpie noch Leinwand gelegt. Vor der Wiedervereinigung müssen solche Wunden ebenfalls von geronnenem Blute und fremden Körpern gesäubert, und dann erst durch Nadeln geheftet, oder durch Pflaster und Binden zusammengehalten werden.

110.

Sind Beine zerbrochen, so werden die Knochen gehörig aneinander gefügt und mit Schindeln, Baumrinden, oder wenn es sein kann mit Strohladen gehörig befestigt. All dieses hängt von den Verhältnissen der Zeit ab.

111.

Blutungen werden durch die Aderpresse und die Unterbindung gezähmt. Mit beiden muss daher der Feldscher sehr genau umzugehen wissen, und wenn er darinnen nicht gewiss ist, sich bei Zeiten von seinem Regiments-Feldscher darinnen unterrichten lassen.

112.

Im Felde werden die Kranken und Verwundeten eines Korps entweder gemeinschaftlich ins Lazarett geschickt, oder von einen jeden Regiment besonders dahin gesendet. In dem ersten Fall geben die Regimenter nach der Linie die dazu bestimmten Feldschers, in dem

Letzteren aber jedes Regiment für sich § 47 nach der Ordnung der Kompanien.

113.

Jeder Feldscher welcher zum Transport der Kranken oder Verwundeten kommandiert ist, meldet sich vor dem Abgang gehörig bei seinen Vorgesetzten und bei Ankunft in dem Lazarett bei dem daselbst befindlichen Offizier und Feldarzt oder Ober-Chirurgus.

114.

Der zu einem Transport kommandierte Feldscher muss mit allem versehen sein was nötig ist, um seinen Kranken unterwegs gehörig beizustehen. Wenn er den Kranken gehörig übernommen hat, so muss er vorzüglich darauf sehen, dass sich keiner derselben auf dem Transport mit Fleiß oder aus Versehen verliere. Daher muss er auch keinen Kranken absteigen lassen, ohne nicht mit seinem Wagen solange zu halten, bis er wieder auf denselben zurück gebracht worden ist.

115.

Auf dem Marsch selbst schützt er seine Kranken für Nässe, Kälte und Hitze, durch Decken, Stroh, Reißig und grüne Zweige. Unterwegs versorgt er sich mit hinlänglichem Wasser zum Trinken; Mittags und Abends lässt er den Kranken Tee und Suppe machen. Wenn gehalten wird, so reicht er den Kranken, welche Medizin nötig haben, das erforderliche, welches er aus den Rapport und aus den Umständen ersieht, bis auf Brechmittel, welche nur an Rasttagen gegeben werden können.

116.

Bei dem Transportieren müssen die Kranken nach ihren Verhältnissen geordnet und behandelt werden. Die schweren Kranken müssen gelegt und die leichten gesetzt werden; die ganz leichten aber gehen zu Fuß.

117.

Schwache Kranke werden im Hintergrunde des Wagens gelegt. Die Sitzenden lassen sich zu ihren Füßen nieder. Solche, welche bei schlimmen Wegen absteigen können, bleiben in der Mitte des Wagens.

118.

Verwundete müssen nach der Beschaffenheit und Schwere ihrer Wunden, bald zu Fuße gehen, bald auf den Wagen geladen werden. Bei einer Affäre sind dergleichen Wagen jederzeit in der Nähe. Das Lager der Schwerverwundeten und Beinbrüchigen muss das Stroh pp. so bequem als möglich gemacht, ja wenn es nötig ist, unterwegs verbessert werden. Solche Leute werden auch behutsam aufgeladen, weitläufig gelegt und behutsam gefahren.

119.

Komplizierte Schusswunden und Beinbrüche werden, wenn man es bewerkstelligen kann, am leichtesten transportiert, wenn man die Verwundeten oder die leidenden Glieder in Hängematten legen lässt.

120.

Die Armatur der Kranken und Verwundeten wird zusammen auf besondere Wagen gelegt, weil sie sonst den Leuten im Sitzen und Liegen beschwerlich fallen würden. Auf die Gewehre, welche im Stroh liegen, wird sodann das übrige Gepäck gelegt.

121.

Ein jeder Kranker oder Verwundeter aber muss von Seiten seiner Kompanie ein genaues Verzeichnis aller Montierungs- und Armaturstücke, samt seiner bereits erhaltenen Löhnung mit erhalten, welche sodann der den Transport führende Feldscher im Lazarett gehörig übergeben und sich darüber quittieren lassen muss.

122.

Beim Transportieren müssen so viel möglich gleichartige Kranke auf einen Wagen gelegt, und die äußerlich Kranken von den innerlichen besonders fieberhaften Kranken sorgfältig getrennt werden, damit nicht etwa jene von diesen angesteckt und in Gefahr gebracht werden.

123.

Auf dem Marsche oder Transporte soll aber der Feldscher keinen Kranken so lange er ohne die äußerste Gefahr transportiert werden kann, zurück lassen, aber auch gehalten sein, diejenigen von gefährlichen Kranken, welche nicht zu transportieren sind, im Lande in dem ersten besten Garnisons- und außerhalb demselben im dem ersten Feld-Lazarett abzugeben. Solche Leute einen Land-Chirurgus zu übergeben, ist § 58 wegen Mangel der nötigen Kenntnisse solcher Leute oder wegen Mangel der nötigen Abwartung des Kranken diesem weit gefährlicher, als der Transport der Pflege eines treuen Feldschers.

124.

Auf den Transport müssen die leichten Kranken oder Verwundeten den schweren beistehen und dem Feldscher beim Eingeben und Verbinden hilfreiche Hand leisten, und sein Geschäft in etwas erleichtern.

125.

Alle Wunden wo Verblutung zu fürchten ist, werden auf den Transport entweder gar nicht, oder doch nicht eher aufgebunden, als bis nach einigen Tagen dieselbe in Eiterung übergegangen ist, oder sind; und alsdann werden auch nur die lockeren Verbandsstücke weggenommen, alles aber was fest liegt, unberührt gelassen.

126.

Leichte Wunden werden nur einen Tag um den andern verbunden. Wunden welche stark eitern, werden alle Tage, ja wohl auch 2mal in einem Tage verbunden, lockere Knochenstücke und fremde Körper werden, wenn es ohne Nachteil geschehen kann, bei dem Verbinden behutsam heraus gezogen. Alle Verbandstücke müssen sogleich wieder gehörig gewaschen werden.

127.

Unterwegs muss der Feldscher fleißig nach den Verband der schwer Verwundeten fragen, damit sich keiner verrücke und der Verwundete dadurch Schaden leide.

128.

Wenn der Feldscher die ihm zu transportieren anvertrauten Kranken und Verwundeten in ein Lazarett gebracht, und den hierzu bestimmten Unter-Chirurgus gehörig übergeben hat, so lässt er sich die mitgebrachten und anliegenden Verbandstücke durch andere aus den Lazarett-Vorräten sogleich wieder ersetzen, damit das Regiment niemals an den notwendigen Verbänden Mangel leide. Daher müssen auch auf den Rapport No. II die Verbandstücke namentlich aufgeführt sein, welche Kranke oder Verwundete mit in das Lazarett bringen.

129.

Wenn der Feldscher welcher transportiert hat, wieder aus dem Lazarett beim Regiment eingetroffen ist, so muss er sich nicht nur gehörig melden, sondern auch von seinem Transport den Regiments-Chirurgum gehörig Rapport abstatten.

130.

Von dieser Instruktion soll ein jeder Feldscher ein eigenes Exemplar besitzen, und sich in allen auf das pünktlichste danach richten.

Bautzen am 7ten Mart. 1796

Heinrich Anton von Biela
Obrister

No. I

Kranken-Rapport
Von den Hrn Hauptmann N.N. Kompanie des Gen.Maj.
v.Niesemeuschel Regiment

von ....bis .... N.N.179_

No.	Charge	Vor- und Zuname	Krankheit	Krankheit Anfang	Zuwachs	Abgang		Bestand	Aufenthalt		Befinden
						genesen	gestorben		Quartier	Lager	

Oberoffiziers	Extrakt	Präsente
Unteroffiziers		im Quartier
Hautboisten		im Stabslazarett
Tambours		im Interimslazar.
Grenadiers		Absente
Musketiers		im Feldlazarett
Rekruten		auf Urlaub
Summa		Summa

No. II

Rapport

Von den Kranken welche dato von der Kompanie des Hrn. Hauptmann N.N. des Regiments Gen.Maj. v.Niesemeuschel in das Kurfürstl. Sächs. Feldlazarett geschafft worden

No.	Charge	Vor- und Zuname	Alter	Relig.	Geburts-ort	Krankheit	Krankheit Anfang	angewen-dete Mittel	Verband-stücke

No. III

Kranken-Journal
Von des Hrn. Hauptmann N.N. Kompanie

No. 1
N.N.

Charge	Alter	Krankheit Anfang	Krankheit		Zuwachs	Abgang
Datum		Tag der Krankheit	Krankheits-Verlauf und Verordnung	Heroica	Speise	Getränke

No. IV

Invaliden-Journal
Von des Hrn. Hauptmann N.N. Kompanie

No.	Charge	Vor- und Zuname	Invalidität	Über-kommung	Status	Zuwachs	Abgang	Visitatio
A) Ganze Invaliden								
B) Halbe Invaliden								
C) Einstweilige Invaliden								

N.N.

No. V

Liquidatio

Der Arzneien welche der Gemeine N.N. vom Regiment N.N. und des Hrn. Hauptmann N.N. Kompanie erhalten hat, nämlich:

Datum	Medikamente	Pondus	Taler	Groschen	Pfennige

Latus oder Summa
N.N.

Auszüge aus dem Dienstreglement der Infanterie von 1753

IV^tes Buch XV. Capitul – Wie sich die Regiments- und Compagnie-Feldscheers verhalten sollen

§ 2 Der Regiments-Feldscheer muss beständig mit wohl konditionierten frischen Medikamenten versehen sein, und solche wieder an die Compagnie-Feldscheers ausgeben …

§ 3 Der Kranken-Rapport wird mit dem Compagnie-Rapport und Listen monatlich 2mal durch die Compagnie-Feldscheers an den Regiments-Feldscheer, von diesem an die Stabs-Offiziers getan.

§ 4 Der Obriste soll sich mit denen Capataines und dem Regiments-Feldscheer vernehmen, um im Stabs-Quartier ein bequemes Lazarett zu etablieren … Alle gefährliche, und in Spezie die venerischen Kranken, sollen in dieses Lazarett gebracht, und von dem Regiments-Feldscheer die letztern, vor ein gewisses billiges Quantum, kurieret werden. Der Mann, der eine dergleichen Kur ausstehen muss, soll si bezahlen, der Capitaine aber den Vorschuss tun, und denen Unter-Offiziers, oderGemeinen mehr nicht, als einen halben Taler monatlich abziehen. Kein Compagnie-Feldscheer soll eine dergleichen Kur entreprenieren.

§ 5 Es gehen in diesem Punkt viele Missbräuche vor: Die Compagnie-Feldscheer wollen die Kur auf des Regiments-Feldscheers Unkosten tun, die Leute insgemein ihre Krankheit verbergen, und sich heimlich durch den Compagnie-Feldscheer oder einen Barbier um einen wohlfeileren Preis, als im Lazarett kurieren lassen, dadurch werden elende Kuren vorgenommen, und viele Leute zu Herren-Diensten untüchtig gemacht. Allen diesen Inkonvenienzien zu begegnen, wird denen Capitaines anbefohlen, und von dem Obristen scharf darüber gehalten, dass alle Monate, den letzten Löhnungs-Tag, die Compagnie, in Gegenwart des Premier-Leutnants und derer Unteroffiziers von jeder Korporalschaft, durch den Feldscheer visitieren lassen, und wenn einer oder der andere mit einem venerischen Zufall behaftet ist, ihn vermittelst Rapports an den Major melden. Der Regiments-Feldscheer soll sodann beordert werden, sich zur Compagnie zu verfügen, den Patienten selbst visitieren, und nach Befinden, desselben Transport ins Lazarett, von dem Capitaine verlangen. Wenn, ohngeachtet dieser Präkaution, sich dennoch infizierte Leute bei einer Compagnie äußern; So soll der Leutnant in Arrest, die Unter-Offiziers auf die Schild-Wacht kommen, und der Feldscheer von der Compagnie gejagt werden, weil ohne Nachsicht, oder Nachlässigkeit der Visitation, ohnmöglich in kurtzer Zeit das Übel auf einen gewissen Grad Überhand nehmen kann.

§ 6 Der Regiments-Feldscheer soll alle 2 Monate die Compagnien visitieren, und sich deshalb bei dem Capitaine melden; Die Compagnie-Feldscheers müssen ihm die aufgegangenen Medikamente berechnen, und der Capitaine vigilieren, dass der Feldscheer, nicht zu des Regiments-Feldscheers Schaden, Bürger und Bauern aus dem Compagnie-Kasten kuriere; Bei dieser Visitation des Regiments-Feldscheers muss hauptsächlich die Invalidität derer Mannschaften observiert, und an den Obristen, worinnen sie bestehe, pflichtmäßig rapportiert werden.

Der Regiments-Feldscheer muss alle Rekruten, wenn sie beim Stabe präsentiert werden, visitieren: ob sie gesund, und zu Herren-Diensten tüchtig sind.

§ 8 … Die Compagnie-Feldsccheers sollen von dem Regiments-Feldscheer engagiert, examiniert, und dem General-Stabs-Medico zur Approbation zugeschickt werden. Die Captaines sollen sie zwar bescheiden und glimpflich traktieren, aber wohl und scharf zu ihrer Schuldigkeit anhalten. Die Sous-Leutnants und Fähndrichs sollen beide alternativement, mit dem Feldscheer die Kranken fleißig visitieren, un darauf sehen, wie ihnen die Medikamente gegeben werden.

Ein jeder Capitaine, der vor seine Compagnie gehörige Liebe und Sorgfalt träget, soll sich nicht entbrechen, denen Kranken mit Bouillons, und andern Refraîchissements zu assistieren.

Der Compagnie-Feldscheer genießet einen kleinen Zuschuss unter der Benennung des Becken-Geldes.

§9 Wenn die Capitaines mit ihren Feldscheers nicht zufrieden sind, soll der Obriste vornehmlich auf des Regiments-Feldscheers Rapport reflektieren, und denen Capitaines nicht gestatten, die Feldscheers nach ihrer Willkür abzuschaffen.

Verzeichnis

derjenigen Arzneien welche in den Kompanie-Feld-Kästen des Infanterie Regiments General Major

von Niesemeuschel

befindlich sind

Oberster Einlass

<u>Mittel Gläser</u>

<u>Pulvergläser</u>

1) Pulv: pectoral: selli	Uiß
2)Pulv: resolvens	
3) Bals: vitae extern:	Uviij
4) Unquent: Althae	Uviij
5) Unquent: basilicum	Uviij
6) Unquent: cereum	Uviij

<u>Tropfengläser</u>

7) Acetum myrrhae	Uvj
8) Bals: travmatica	Uvj
9) Oleum lini	Uvj
10) Oleum vitrioli	Uxvj
11) Tinct: aromatica	Uvj
12) Tinct: rhei aquosi	Uvj

<u>Kleine Gläser</u>

13 und 14) Camphora	Uj
15) Cantharides	Uß
16) Cort: cascarillae	Uß
17) Cort: peruviang optimus	Uiß
18) Nitr: depurat.	Uij
19) Pulv: anadyn.	Uj
20) Pulv: antidiarrhoic	Uiij
21) Pulv: Rad: Ipecacuan.	Uß
22) Pulv. Rad. Valerianai	Ui ?
23) Pulv: rad: rhei	Uj

24) Sal: ammoniac.	Uiij
25) Tart: emetic.	Uß

<u>Adparatus</u>

26) Ceratum ad perniones	Uiv
27) Emp: adhesivum	Uij
28) Emp: nigrum	Uij

a) 12 Stck. Binden

b) 12 Stck. Kompressen

c) Charpie

d) Mörsel

e) Waage

f) Gewichte

g) Arzneilöffel

Unterster Einlass

<u>Gläser</u>

<u>Pulvergläser</u>

29) Alumen	Uiv
30) Bals: ophthalm.	Uj
31) Merc: pracip: rub.	Uß
32) Nitrum tabulatum	Uiiiß
33) Sal: tart.	Uij
34. und 35) Tartarus solubilis	Uij

<u>Tropfengläser</u>

36) Acetum Saturni	Uvj
37) Laudan. Liquid.	Uij Qij
38) Liquor anodynus	Uij Qij
39) Spirit. camphorat.	Uij Qij

40) Spir: cornu cervi   Uij Qij

41) Spir: Sal ammoniac   Uij Qij

<u>Kästchen</u>

h) Kapseln

42) Farina seminis lini

43) Species pectorales   ttj

44) Species resolventes   Uix

<u>Kapseln</u>

45) Gummi arabicum   Uvj

46) Kermes mineral.   Uij

47) Mercur: dulcis

48) Pulv: absorbens   Uiv

49) Pulv: antipsoricus   Uvj

50) Pulv: pro unquento antipsor.   Uvj

51) Pulv: rad: Jalappae   Uiv

<u>i) Klistier- und Injektions-Spritze</u>

Boden

<u>Große Gläser</u>

<u>Pulvergläser</u>

52) Pulv: ad portum   Lib.j Uvij

53) Pulv: digestivus   Libr.ij ¼

54) Pulv: Evacuans   Uxij

55) Pulv: pro infuso theiform.   ttj 12 Loth

56) Pulv: tempor.   ttij

57) Sal Glaub. calcinat

<u>Tropfengläser</u>

58) Acetum vini	1 Maß
59) Aqua stiptica	1 Maß
60) Mel despumat.	1 Maß
61) Oximel simplex	1 Maß
62) Tinctura refrigeras	1 Maß

<u>Mittelfläschgen</u>

63) Acetum scilliticum	Uiv
64) Liniment: volatilae	Uiv
65) Spirit: Sapon.	Uiv
66) Tinctura salina	Uiv

1) Pulvis pectoralis Sellii

Rp. Pulv. rad. liquiritiae Uiij

Pulv. Flor. arnica

Nitri depurati adde Uvj

Opii thebaici gr. xxiv

Camphorae Sij

m.f.pulv.

Unter Qv ist gr. j. Mohnsaft und 1 ½ gr. Kampfer und die Gabe Ein Skrupel. Dieses Pulver hat zerteilende, verdünnende , den Auswurf befördernde, besänftigende und schweißtreibende Kräfte. Es nützt insbesondere in Brustkrankheiten, nämlich bei chronischen Katarrhen vor Husten, von Knoten in der Lunge, im Keuchhusten in der krampfigten Engbrüstigkeit und angehende Schwindsucht. Außerdem empfiehlt es sich auch als schweißtreibendes Mittel in allen Fiebern und Entzündungen von zurückgetretener Ausdünstung, in den Gliederreißen und der Gicht, in fieberlosen Brustschmerz, in Koliken und Blähungen, in der Hypochondrie und dem Schwindel von zu großer Reizbarkeit, in Ohnmachten, Zuckungen und Fallsucht, bei dem Tripper während der Schleimperiode, in der Wassersucht von fehlerhafter Ausdünstung, in der periodischen Gelbsucht und in allen Ausschlagkrankheiten.

2) Pulvis resolvens

Rp. Salis amari libri j.

Tartari emetici Siv

m. exactissime

In einen jeden Skrupel ist ¼ Gran Brechweinstein. Es ist ein allgemeines Resolvens und wirkt auf alle Ausleerungswerkzeuge. In großen Gaben erregt es Brechen, in mäßigen führt es ab, in noch geringeren wirkt es auf die Haut und Lungenausdünstungen und in ganz geringen treibt es den Urin und zuletzt auch Speichel. Man gibt es von gr. v bis zu Sj. Es gibt wenig Krankheiten, wo es nicht stattfindet. Seine Kraft zeigt sich in Verstopfung der Eingeweide, Kachexie, Wassersucht und Melancholis ebenso wirksam, als in gallichten, faullichten und Wechselfiebern, in der Ruhr, den Zuckungen, Fallsucht. In der schleimichten Engbrüstigkeit und in den Keuchhusten leistet es besondere Dienste.

3) Balsamum vitae externum

Rp. Saponis alicantini Uviij

Salis alcali Uiv

Olei terebinthinas aetherie Uxviij

m.

Die Kräfte dieses Balsams sind sehr zerteilend und stärkend. Man löst 1 Loth in ½ Kanne gemeinen Wassers, Leinsamenaufguss, Milch, Decoit von Speciebus resolventibus auf und macht davon Bähungen, wo die Lebenskraft erregt werden soll. In eben dieser Absicht verbindet man auch einen Teil Balsamum vitae mit 8 Teilen Unquentum Althae. Es nutzt dieser Balsam in Quetschungen und Steifigkeiten der Gelenke, wider die Balggeschwülste und Geschwülste der Schleimbeutel. Bei dem Oedema nach Beinbrüchen und Verrenkungen bezeigt er sich sehr wirksam. Wider den chronischen Rheumatismus und den Kalandern nach Beinbrüchen tut es besondere Dienste; vorzüglich wenn man damit die Einwicklung des ganzen Gliedes verbindet. Man kann die auflösenden Kräfte vermehren, wenn man zu einer Kanne Auflösung Qij Salmiak, Küchen oder Glaubersalz hinzufügt. Bei dem Schwinden der Glieder und in Lähmungen leistet er viele Dienste mit dem Linimento volatili verbunden. Eben dies geschieht auch bei erfrorenen Gliedern.

4) Unquentum althea

Rp. Rad. altheae Uj

Butyri non saliti ttvj

coque cum Aquae q.s. lenissimo igne et sub fine

coctiones adde

Rad. curcumae Uj

abique remolis et adhuc calidis expressis adde

Serebinthinae venetae Uiij

Resinae albac Ujx

Cerae flavae ttj

m.

Die Hauptkräfte dieses Mittels sind erweichend , erschlaffend, lindernd, zerteilend. Man braucht es überall da, wo die Fasern erschlafft und die Reizbarkeit gemäßigt werden soll, Es wird angewendet, um Geschwülste zu erweichen, tiefsitzende Entzündungen zu zerteilen, Krämpfe zu stillen und steife Glieder geschmeidig zu machen. Auch als Digestivmittel ist es wirksam. Wenn man zu Uj ein halbes Quentchen Kampfer und eben so viel Tinctura thebaica mischt, so hat man das Linimentum antispasmoticum Sellii, welches in Krampfkolik, bei krampfigten Einklemmungen der Brüche und bei Zuckungen so vortreffliche Dienste leistet.

5) Unquentum basilicum

Rp. Ceras flavae Uxxiv

Resinae flavae Uxij

Terebinthinae communis Uvj

Olei lini ttiij

m.

Diese Salbe ist erweichend und zeitigend. Sie ist ein gutes Digestiv. Wenn man zu Uj zwei Quentchen Mercur. Praecipit. Ruber setzt, so hat man das Unquentum caustie. Merc. Rubrum, welches sich bei schwammichten, venerischen und alten Geschwüren sehr wirksam bezeigt. Nimmt man statt des Merc. Prae. Rubri zu Uj Unquent. Casilici, Qj Alumen crudem so wird das Unquent. Adstringens, welches bei schlaffen Geschwüren sehr gute Dienste leistet.

6) Unquentum cereum s. emolliens

Rp. Olei lini ttj

Cerae flavae Uiv

Spermatis ceti Uiij

m.

Dieses Salbe ist erweichend und kühlend. Sie nützt überall wo es auf einfache, erweichende Kräfte ankommt. Man braucht sie daher in allen Fällen, wo das Unquent. altheae und basilicum zu reizend ist. Sie ist folglich in allen Enthäutungen, beim Verbrennen, in frischen Wunden, besonders Schusswunden, beim Aufspringen der Haut , wider Goldadergeschwülste sehr anwendbar.

7) Acetum myrrhae

Rp. Myrrhae electae Uiij

Aceti vini ttiij

m. diger. per dies decem et cola.

Die Kräfte dieses Mittels sind balsamisch antiseptisch, reinigend und zusammen ziehend. Man braucht es selten allein, sondern verordnet es gemeiniglich mit 2 oder 3 mal so viel Leinsamenwasser. Es wird bei Wunden und Geschwüren angewendet, wo die Eiterung zu heftig ist, die Entzündung gewichen und die Granulative entweder vor sich gehet oder etwas zu lebhaft zu gegen ist, und in wildes Fleisch übergehen will. Bei Speichelgeschwüren in der Saliration werden die Geschwüre damit gepinselt. Innerlich wird solches mit dem Decocto lichenis islandici bei Schwindsüchtigen und in der Schleimperiode des Trippers mit guten Erfolg verordnet.

8) Balsamum travmaticum s. Commentatoris

Rp. Gummi benzoes Uiij

Balsami pernviani Uij

Aloes. hepaticae Us

Spiritus vini rectificati ttij

m. digere leni calore per dies decem et cola

Die Kräfte dieses Balsams sind äußerlich reinigend, faulungswidrig und sanft reizend; innerlich aber Blähungen treibend, gelinde abführend und Magenstärkend. Äußerlich braucht man ihn entweder für sich oder mit resolvierenden Decocta verbunden, und in Wunden nervigter und sehnigter Teile, vorzüglich aber in Kopfschädigungen und besonders bei Hirnwunden. Wider alle Geschwüre und Flechten, Beinfraß und Knochenbrand, Zahn- und Ohrschmerzen, bei kalten Geschwülsten und chronischen Gliederreißen schafft er sehr viel Erleichterung.

Für sich streicht man ihn mit einer Feder über den leidenden Teil oder injiziert ihn behutsam oder befeuchtet Charpie. Vermischt setzt man die Verhältnisse so, dass man Uß Balsam auf ttj Decoct rechnet, und noch dazu Uj Honig setzt. Innerlich genommen dient er zu 20 30 Tropfen wider schleimigte Engbrüstigkeit, chronischen Husten, Lungengeschwüre,

Unverdaulichkeit und Erbrechen, von Schwäche des Magens, in der Blähungskolik und chronischen Wechselfiebern; auch befördert er gewisse Blutflüsse.

9) Oleum Lini

Es wird innerlich Löffelweise gegen die Würmer, das Misere der eingesperrten Brüche, die Harnverhaltung und genossenen Gifte, Löffel- und halbe Tassenweise; äußerlich als Emolliens in Linimentis und Klistieren gebraucht. Mit dem Pulvere pro unquento antipsorico macht es die Salbe gegen den Ausschlag aus. Bei Verbrennungen mit Firniss verbunden macht es eine kräftige Salbe. Ebenso wirkt es auch bei der blinden Goldader um Krämpfen der Muskeln.

10) Oleum vitrioli

Diese äußerst heftige Mineralsäure hat für sich kaustische Kräfte mit anderen Flüssigkeiten aber verbunden antiseptische, zusammenziehende Eigenschaften. Zehn bis Sechzehn Tropfen geben einer ganzen Kanne Wasser einen säuerlichen Geschmack und präzipitieren alle Unreinigkeiten aus selbigen. Die ist daher das beste Mittel, die Schädlichkeit des Wassers zu tilgen. Auf diese Weise erhält das Wasser kühlende und temperierende Eigenschaften, mindert die Hitze und die Fieberwärme außerordentlich, widersteht der faulen Auflösung in Faule und Gallen Fiebern. Es mindert und hemmt Blutflüsse und wirkt vortrefflich in Skorbut und Ausschlag von faulichten Stoffen.

Außerordentlich nützt es, in der Maße verdünnt als Gurgelwasser in faulichten Schwämmen und in der bösartigen Bräune. Ein solches Wasser setzt auch der Fäulnis in alten Geschwüren und selbst dem Brande Grenzen. Ehedem glaubte man, dass mineralische Säuren reizten, aber gehörig verdünnt tun sie just das Gegenteil.

11) Tinctura aromatica

Rp. Herber menthae piperitae

Herber salviae adda Qiij

Rad. calami aromatici

Rad. galangae minoris

Florum cassiae adda Uß

Cubelarum Qiß

Corticum aurantiorum Uj

c.c. infunde

Spiritus vini rectificati ttjj

Digere per triduum et cola

Diese Arznei hat reizende, erwärmende, stärkende, analeptische, blähungstreibende und magenstärkende Kräfte. Man gibt sie von 30 – 60 Tropfen in Wasser oder Wein. Wenn man nach und nach zu Uvi vom Spiritu vitrioli Qiß tröpfelt so wird es das Elixirium vitrioli Mynsichti.

Beide Arzneien befördern die Chylification. Die Tinctura aromatica widersteht der Säure und das Elixir. vitriol der Fäulnis. Man braucht aber in scharfen Krankheiten keines von beiden eher, als nach der Genesung der Kranken, wo der Appetit noch nicht hergestellt ist, und die erhitzenden Eigenschaften derselben, keinen Schaden mehr tun können.

In chronischen Krankheiten, bei schlechter Verdauung in der Lirenterie ferner nach Durchfällen ohne Entzündungsmerkmale, in der Hypochonderie, Kachorie und wassersüchtigen Zufällen, endlich in der Gicht , dem Skorbut, der schleimichten Schwindsucht, in Schwäche des Körpers, nach heftigen Fatiquen und unregelmäßiger Lebensart, bei Schleichfiebern, als Überbleibsel der Wechselfieber, in chronischen Neigungen zum Erbrechen, tun beide Mittel sehr viel Gutes.

12) Tinctura rhei aquasa

Rp. Rhei optimi Ui

Salis Tartari Qij

Aquae bullientis ttj

Decocta una ebullutione sient per diem et noctem

colalurae expresse

adde Spiritus vini rectificati Uß

Diese Tinktur hat eröffnende, reinigende und gelind abführende Kräfte, wenn man sie zu 1 Esslöffel pro dosi gibt, in geringerer Gabe aber zu 20 – 30 Tropfen wirkt sie Harn treibend und auflösend. Man gibt sie in allen Krankheiten, wo die ersten Wege mit Schleim und Unreinigkeiten überhäuft sind. Sie empfiehlt sich daher bei allen Durchfällen; in der Ruhr aber nur bevor Entzündung eingetreten ist, und alsdann auch wieder in der letzten Periode dieser Krankheit, wenn die Entzündung wieder gewichen, und nur noch bloße Schwäche vorhanden ist. Wider die Gelbsucht, Verstopfung der Eingeweide, Hypochondrie und Kacherie wirkt sie als Resolvens. In Blähungen von

Schwäche der Gedärme und Leibschneiden verbindet man sie mit der Tinctura aromatica.

13) Camphora

Kampfer wird innerlich nur dann angewendet, wenn die Lebenskraft erhoben, oder gewisse Reize besänftigt werden sollen. In beiden Fällen müssen die ersten Wege rein ein. In den Faul und Nervenfiebern und den Ausschlagsfiebern wird der Kampfer in den ersten, in der Epilepsie, den Zuckungen der Wasserschau, der Manie, den Speichelfluss nach Quecksilberkuren, den Harnstrange von gelegten Spanischen Fliegenpflastern, und in der Entzündungsphase des Trippers, wird er in der letzten Absicht angewendet.

Äußerlich ist der Kampfer zerteilend und nervenstärkend. Er nützt in Spiritus oder Aceto camphorato bei Schwäche der Sehnen und Bänder, in Quetschungen und Brande; schadet aber, wo eine Entzündung oder ein Rotzlauf vorhanden ist.

Innerlich ist die Gabe von gr. j – iij mit Sß Salpeter oder am besten in dem Aceto camphorato nach folgender Formel.

14) Acetum camphoratum

Rp. Camphore Qj

teretur acenrotocom

Spiritus vini g ttxx

diu tertis adde

Gummi arabici cum aquae communis Qij

in mucilaginem triti Qij

m. opt. et sensim sinsimque ad funde

Aceti vini Libr. J

m.

Unter jeden Esslöffel ist 1 $^1/_8$ Gran Kampfer. Die reizenden Kräfte des Kampfers werden in dieser Mischung gemäßigt ohne dass desselben analeptischen und antiseptischen Eigenschaften nur im mindesten leiden. Dieser Essig wirkt besonders wohltätig auf das Ausdünstungsgeschäfte.

15) Cantharides

Ein jedes spanisches Fliegenpflaster wird damit bestreut. Mit dem Pulver von spanischen Fliegen kann man ex temporae Spanisch Fliegenpflaster machen, wenn man Sauerteig auf Leinwand oder Papier streicht, so nimmt man Mehl und vermischt selbiges mit Essig das ein Teig daraus wird. In Wunden, welche von tollen Hunden gebissen worden sind, streut man, nachdem sie mit Wasser scarifiziert oder mit einer Hohlschere ausgeschnitten worden sind, entweder das Pulver bloß ein, oder verknüpft mit dem Unquento cantharidum, oder eine Salbe aus Qj Pulv. cantharid. mit Uj Unquent. basilic. und gibt daneben alle 3 – 4 Stunden gr. ij Belladonna in Substanz oder in eben der Zeit 1 Esslöffel voll auf ein Mal von einem Decoct aus Uxij siedendes Wasser und Qj Belladonnawurzel einmal gewallt.

16) Pulvis anodynus et Pulvis doveri

Rp. Magnesiae edinburgensis Uij

Nitri depurati Sx

Opii thebairi Sij

m.f. Pulv.

Unter einem halben Quentchen befindet sich 1 Gran Mohnsaft. Die Gabe ist nicht mehr als gr. xv. Die Kräfte dieses Pulvers sind kühlend, krampfstillend und schmerzstillend. Man braucht dasselbe in allen Krankheiten, wo die Reizbarkeit und Empfindlichkeit des Körpers widernatürlich vermehrt sind, mit dem besten Erfolge. Wenn der Krankheitsreiz entweder unbekannt ist, oder man denselben wegen der gegenwärtigen heftigen Bewegung der Nerven nicht geradezu beikommen kann, so wirkt es resolvierend und entzündungswidrig. Die erhitzende Kraft des Mohnsaftes wird durch den Salpeter gemäßigt. Wenn man zu Qß unseres Pulvers gr. j. Brechwurzel setzt, so wird es das bekannte Pulver sudorifer. Doveri nur dass es um $^2/_3$ milder ist, als dieses.

Die Krankheiten, wo man unser Pulver braucht, sind mannichfaltig. Es nützt in Wechselfiebern nach Reinigung der ersten Wege kurz vor dem Anfall gegeben, in Katarralfieber als Schwitzmittel und um den Auswurf zu befördern, in allen Ausschlagsfiebern, wenn die Haut sehr trocken ist, in Brustentzündungen wenn die Entzündung gehoben und nur noch von dem Reiz zu Husten zu fürchten ist, in der Magen- und Darmentzündung, nach Aderlässen, um den lokalen Krampf zu stillen besonders in der krampfigten Entzündung und Einklemmung der Brüche, in der Nieren- und Harnblasen-Entzündung, und in Gliederreißen wenn Blut weggelassen worden ist, ebenso in der Gicht mit nächtlicher Unruhe, im Hüftweh, besonders dem nervigten, in Kopfschmerz und Zahnschmerz, vom

Krämpfen im Unterleib und Erkältung, in fieberlosen Brustweh, in krampfigten und Blähungs-Koliken, in dem krampfigten Leber- und Milzweh, im Steinschmerz, Nervenschwindel und krampfigter Engbrüstigkeit, in allen Krämpfen und Zuckungen, im Husten besonders dem Keuchhusten, in heftigen Goldaderfluss, nervigten Erbrechen, krampfigten Darmgicht, Ilens, dem Brechdurchfall und dem gemeinen Durchfall von Erkältung, der Ruhr nach gehobenen Unreinigkeiten, der krampfigten Harnstrenge und Harnverhaltung, im Entzündungsstande des Trippers, in der Schwindsucht, in der Lustseuche unter mancherlei Umständen, besonders in Knochenschmerzen.

17) Cortex casearillae

Diese Rinde ist wegen des häufigen wesentlichen Öls zersetzend und wegen des Bitterstoffs stärkend. Wo Schwäche der Verdauungswerkzeuge und keine Unreinigkeiten vorhanden sind, äußert sie auflösende und stärkende Kräfte.

Wenn demnach Durchfälle von Schwäche des Darmkanals abhängen, so ist sie sehr zuträglich. Dies ist der Fall vorzüglich nach Ruhren. Zu Nerven- und Faulfieber ist sie nach Reinigung der ersten Wege um die Kräfte zu heben, besonders heilsam. In Husten mit überhäuften Auswurf leistet sie gute Dienste. Man gibt in Substanz von Sß – Qß für sich, auch mit Alaun wenn man stark roborieren will.

18) Cortex peruvianus et Angusturae / Radix arnicae

Der Nutzen der Fieberrinde und der Wolferleiwurzel sind weit ausgebreitet, und aus der Materia medica bekannt. Man gibt sie von Sj – ij in Substanz und zu Uß in Infuso oder Decocto mit ttj Wasser entweder Löffelweise oder ½ Tasse voll auf einmal.

Die Augusturarinde kann sie ersetzen, deren Eigenschaften und Gaben ihr völlig gleich sind. Vorzüglich leistet diese viel Gutes nach Ruhren und Darmflüssen.

19) Nitrum depuratum

Dieses kühlende Salz wird von gr. v – Sj in lauen Getränke gegeben. Seine Kräfte sind aus der Materia medica bekannt- Überall wo zu viel Tätigkeit des Blutsystems vorhanden ist, kann der Salpeter mit Nutzen angewendet werden.

20) Pulvis antidiarrhoicus

Rp. Pulv. rad. Ipecacuanhae Uß

Pulv. rhei optimi Uiiß

Salis anglici Uxij

m.f.Pulvis

Die Kräfte des Mittels sind krampfstillend, auflösend und gelinde abführend. Unter 15 Gran, als der gewöhnlichen Gabe befindet sich ein halbes Gran Brechwurzel und 2 ½ Gran Rhabarber. Das englische Salz unterstützt die Rhabarber im Abführen und mäßigt ihre reizenden Kräfte. Dieses Pulver vertritt die Stelle der Rhabarbertinktur und hat wegen der Brechwurzel noch

Vorzüge, als in welcher die krampfstillende Eigenschaft befindlich ist. In kritischen Durchfällen ist es von besonderen Nutzen, weil es dieselben auf das kräftigste unterstützt. Man lässt viel schleimigte Getränke daneben trinken.

21) Radix Ipecacuanhae

Ist ein gelindes Brechmittel; als Brechmittel allein ist ihr der Brechweinstein mit Recht virzuziehen. In der Ruhr aber empfiehlt sie sich durch ihre krampfstillende Eigenschaft. Dieselbe hemmt die betäubende Kraft des Mohnsaftes und der narkotischen Gifte und verwandelt den ersten Gift in ein Schwitzmittel und schwächt die letzten so, dass sie weniger schaden können.

Man gibt sie als Brechmitten zu 5 Gran mit Cremos tartari und als krampfstillendes Mittel zu ¼ Gran aller 3 — 4 Stunden. Vorzüglich leistet sie so beigebracht in der krampfigten Darmgicht, der krampfigten Einklemmung der Brüche und in Blutstürzen nervigten Ursprungs, sehr große Dienste. Das Übrige ist aus der Materia medica bekannt.

22) Radix valerianae et serpent. virgin

Ist ein sehr wirksames Mittel, die zu heftige Empfindlichkeit der Nerven zu mäßigen. In Faul- und Nervenfiebern, den schwarzen Star, der Fallsucht, den Zuckungen und dem chronischen Kopfweh besonders halbseitigen ist diese Wurzel ein Hauptmittel. Sie vertritt mit Recht die Stelle der Rad. serpent. virgin. Die Gabe ist Sj — Qij. Der üble Geschmack mindert sich durch einen Zusatz von Mustiatenmuß. Wenn man sie zu China-

Abkochungen setzt, so muss sie nicht eher hinzu getan werden, als bis das Decoct fertig ist, so, dass sie nur ziehen darf, sonst verliert sie ihre Kraft um vieles.

23) Rhabarum – pulv. rhei.

Die Rhabarber gehört zu den sanfteren aber erhitzenden abführenden Mitteln, und hat einen zusammenziehenden Grundstoff. Sie dient daher in Diarrhöen, welche von Schlaffheit und Schwäche der Gedärme abhängen. Niemals muss man sie geben, wo eine Neigung zu Entzündungen vorhanden ist. Das ist die Ursache, warum sie in der Ruhr sehr oft überaus schädliche Wirkungen äußert. Man hat die Gedärme daher in diesen Fällen nach dem häufigen Gebrauch der Rhabarber brandigt angetroffen. Sie findet also niemals eher in der Ruhr statt, als am Ende der Krankheit, um den Tonum der Gedärme wieder herzustellen. Eben dieses ist der Fall beim Durchfall. Am besten gibt man die Rhabarber, entweder in der wässrigen Tinktur, oder in dem Pulvere antidiarrhoico.

Man kann sie auch mit Salmiak und Mineralkermes versetzen. In Substanz sind gemeiniglich 5 – 10 Gran pro dosi zu unserer Absicht hinlänglich.

24) Sal ammoniacum

Ist eines der allerkräftigsten Arzneimittel. Es ist voller auflösender und zerteilender Kräfte. Vorzüglich wirkt es durch Ausdünstung und Urin. Es ist ein großes Incidans der Stoffe, welche in den ersten Wegen befindlich sind. Daher leistet es in Verstopfung der Eingeweide, Wechselfiebern, Katharren und Entzündungskrankheiten so gute Dienste. In dem Gliederreißen gehört es unter die Hauptmittel.

Wo man es braucht, so muss man wenigstens Sj – Qß pro dosi geben. Äußerlich ist es ein gewaltiges Resolvens. Eine halbe Unze zu 1 Kanne Essigwasser gesetzt, zerteilt, reinigt, die faulen Wunden und Geschwüren, schmitzt die Schwielen der Fisteln als Einspringung gebraucht, setzt dem Beinfraß Grenzen und befördert die Abschieferung der Knochen beim trocknen Knochenbrand.

In kalten Wasser aufgelöst, nützt es bei Kopfbeschädigungen, Schlagflüssen und Entzündung des Gehirns und der Eingeweide des Unterleibes. In der einfachen Augenentzündung machen gr. ij in Uj Wasser aufgelöst und mit gutt. v. Bleiextrait versetzt ein gutes zerteilendes Augenwasser.

Der Reinigung wegen bedient man sich desselben auch als einen Zusatz zur Pringelschen Krätzsalbe; wiewohl hier gemeines Küchensalz dieselben Dienste leistet.

25) Tartarus emeticus

Dieses Mittel, welches als eine wahre Penace angesehen werden kann, muss außer dem Pulv: resolvente niemals in Substanz gegeben werden, in Auflösung mit Wasser gibt man es am besten so, dass man gr. iij in eben so viel Unzen Wasser auflöst und solches entweder um zu zerteilen, Scopo resolvendi, esslöffelweise gibt, oder um Brechen zu erregen, Scopo vomitu, alle viertel Stunden den 4ten Teil davon nehmen lässt, bis Erbrechen erfolgt, und dann sogleich damit ausgesetzt.

Äußerlich braucht man den Brechweinstein in dieser Auflösung wider chronische Geschwüre, und zu gr. ij – iij pro dosi in reizender und um die Fasern der Gedärme mächtig zu erschüttern.

26) Ceratum ad perniones

Rp. Terebin thinae venetae ttjj

Axungiae ceti ttiv

Cerae flave Uxviij

Extracti saturni Uvj

m.

Dieses Cerat ist ein sehr wirksames Mittel gegen die Wirkungen der Kälte. Die Hilfe welche man einem erfrorenen Gliede wiederfahren lassen kann, beruht in einer behutsamen Herstellung der natürlichen Wärme des Körpers. Wenn man zu einem solchen Kranken gerufen wird, so reibt man das Glied vorsichtig mit Schnee oder belegt es mit Lösungen aus Wasser so lange, bis wieder Wärme und Gefühl bemerkt wird. Das Wasser muss, wenn es zu Lösungen genommen wird, dem Gefrieren nahe sein.

Stellt sich die Wärme in dem leidenden Teile wieder ein, so kann man denselben als dann mit etwas Kampfer oder Seifenspiritus kalt waschen. Den Kranken lässt man in einer ungeheizten Stube nicht eher zu Bette legen, als bis die natürliche Wärme desselben wieder hergestellt ist. Alsdann kann man ihn einen Tee aus den Speciebus resolventibus trinken und einige Tropfen Spriritus cornucerri in denselben nehmen lassen. Anfänglich macht man Lösungen von unverdünnten Rabelischen

Wasser und späterhin belegt man das Glied mit dem Cerato ad perniones.

Eben dieses Cerat kann in leichten Fällen, wenn das Glied wieder Wärme und Leben erhalten hat, gleich von Anfange angewendet werden. Ist ein Körper gänzlich erfroren, so legt man denselben in Schnee oder kaltes Wasser so lange, bis derselbe wieder anfängt Leben zu zeigen.

Alsdann gibt man Salmiakgeist zu riechen, Liquor anodynus in den Mund, bläst Luft ein, erregt Erbrechen durch Kitzeln des Schlundes und setzt reizende Klistiere von Tabak. Kommt das Leben wiederum zum Vorschein, so reibt man nur den Leib mit kalten Wasser und Essig oder etwas Weingeist oder Seifenspiritus, legt ihn aber ja nicht zu zeitig in ein Bette und befördert die Ausdünstung wie oben gedacht worden ist. In eine warme Stube darf kein solcher Kranker gebracht werden, denn in derselben kommt sein Leben sogleich wieder in Gefahr.

Oben gedachte Salbe hat eindringende reizende Kräfte mit geschmeidig machenden Eigenschaften verbunden, und ist den Folgen der vom Froste entstandenen Entzündungen angemessen. Auch in veralteten Geschwüren wird sie mit vielen Nutzen angewendet; ebenso auch bei kalten Gelenkschwülsten.

27) Emplastrum adhaesivium

Rp. Cytharyrii pulveris ttij

Olei Napi ttij

coque tento igne sub perpetura agititione semsius
semsimque addenda Aqua communis q. s. ad
consistentiam Emplasti eui adde

Resine albae ttj

Cera falvre Uv

m.

Dieses ist unter allen Pflastern dasjenige, was am besten klebt und sich vorzüglich zu Vereinigung der Wunden oder zum Heften schickt. Man muss es mittelmäßig stark streichen, weil es sonst austrocknet und es auch wenn man es nicht sogleich braucht, lieber in einer Rolle lassen und in Papier einwickeln, als es in einzelne Hefte zerschneiden. Wenn es trocken worden ist, so darf man nur mit etwas Terpentinöl darüber wegstreichen, so bekommt es seine klebende Kraft wieder. Das in der Nähe der festsitzende, bleibende Pflaster, muss fleißig mit Leinöl erweicht, und mit einem Spatel weggenommen werden, damit es keine Hautpustel verursacht und Entzündung hervor bringt.

28) Emplastrum nigrum

Rp. Minii subtilissime pulverisati ttj

Olei napi ttij

Aceti vin; ttß

Emplasti mollioris consistentiam et col. sub suseum a.

coctis addatur

Cerae citrinae Uiß

Nondum plane refrigeratis im misceantur

Camphorae cum oleo napi tretae Qij

m.f. Empl.

Dieses Pflaster hat austrocknende, stärkende, zurücktreibende und zerteilende Kräfte. Man braucht es daher allgemein um Wunden und Geschwüre damit zu bedecken und Verbrennung zu lindern und zu heilen, bloßliegende Nerven und Sehnen zu schützen und zu stärken, Stockungen zu zerteilen und Schmerz zu lindern.

29) Alumen

Dieses scharf zusammenziehende, stärkende Mittel leistet überall Dienste, wo eine Erschlaffung der festen Teile zum Grunde liegt. Man braucht es daher in allen Blutergießungen aus Schwäche bei faulichten Krankheiten, bei chronischen Durchfällen, bei Schleimflüssen der Harnblase und in der letzten Periode des Trippers.

Die innerliche Gabe ist täglich 2 mal von 5 Gran bis 1 Skrupel mit Sj Pulv: ad pot: oder Cortex casoarillae verbunden, je nachdem man nämlich entweder kühlende oder stärkende Eigenschaften vorfindet. Äußerlich zeigt es sich merksam bei Augenentzündungen.

Man vermischt Sj mit Uj Wasser; wenn man noch dazu ein halbes Eiweiß mischt, so werden die zusammenziehenden Kräfte etwas gemäßigt. In der serösen Halsentzündung dient es unter die Gurgelwasser, und in faulichten Geschwüren, wie auch in Wunden lymphatischer Gefäße, ist die örtlich Anordnung einer Solutio aluminis von besonderen Werte.

30) Balsamum ophalmicum Schmuckeri

Rp. Axungiae porcinae optimae curatae Uiv

Cerae albae Qj

Misce et adde

Tultine praeparatae

Comporae in olio ovorum solutiae adde Qij

m.l.a.

Man lässt täglich 1 oder 2 mal einer großen Nadelkappe groß, oder so schwer als ½ oder ganzer Gran wiegt, in den inneren Augenwinkel bringen, oder reibt die Ränder der Augenlider damit, macht sodann die Augenlider zu und lässt die Salbe im Auge zerfließen.

Es ist ein großes Mittel in allen feuchten Augenentzündungen besonders venerischen, skrophelösen und drüsigten, in den Geschwüren der Augenliderränder, in den Flecken der Hornhaut, in Traubengeschwulst der Hornhaut, in anfangenden grauen und schwarzen Star. In venerischen Augenentzündungen wird etwas Mercurius praecipitatus ruber z.B. unter Sj ein Gran von letzteren, beigemischt.

31) Mercurius praecipitatus ruber

Dieser reizende und ätzende Quecksilberkalk muss eben so wie das Pulver von spanischen Fliegen behutsam aufgehoben werden, damit man sich nicht vergreift und Unglück macht.

Es kommt unter das Unquemtum causticum und den Balsamum ophthalmicum bei venerischen Augenentzündungen. Innerlich kann er niemals gebraucht werden, denn da ist er Gift.

32) Nitrum tabulatum

Hat mit dem Nitro depurato alle Kräfte gemein, zerfließt aber sehr gern in der Luft, muss daher gut verwahrt werden, und ist hier nur deswegen, weil sich seine Gestalt sehr bequem zu dem Endzweck schickt, Marode auf Märschen in großer Hitze damit zu erquicken, indem man ihnen ein Plätzchen davon in den Mund gibt; es lindert vorzüglich den zu heftigen Durst.

33) Sal Tartari

Dieses Salz ist das größte Mittel wider die Säure. Es entfernt den Schleim und löst Verstopfungen auf. Wider die mineralische Gicht ist es innerlich genommen, und in Klistieren beigebracht, ein Hauptmittel z.B. beim Sublimat, dem Arsenik oder Kupfer.

Hat man es nicht gleich bei der Hand, so vertritt eine Lauge aus 4 – 6 Esslöffel Holzasche und einer halben Kanne warmes Wasser, oder ein Seifendecoct die Stelle derselben, wozu man eben so viel Wasser und 1 Loth Seife nimmt. Man gibt in diesem Fall es zu einen ganzen Quentchen aller viertel Stunden in einer Unze Wasser aufgelöst. Hat man Schwefelleber bei der Hand, so verdient diese den Vorzug in eben der Quantität und ebenso oft genommen. Ein Brechmittel aus 8, 10 – 12 Gran weißen Vitriol in einer Tasse Wasser aufgelöst oder eine starke Gran Ipriacuanehe muss vor allen Dingen gegeben werden, um das Gift zu entfernen.

Außer der Zerstörung der Säure dient das Weinsteinsalz noch zu Fertigung des Riwerischen Tränkchens. Man nimmt Qj löst es in Tee auf und lässt hinterher einen

Esslöffel Weinessig nehmen. Oder man löst Qj in ¼ Kane Wasser auf und lässt davon Uj auf einmal nehmen. So wie solches geschehen ist, so reicht man den Kranken gleich hinterher Uj von einem Gemisch aus ¼ Kanne Wasser und 60 Tropfen Vitriolöl. Dieses Mittel leistet wider alle gallichte Unreinigkeiten große Dienste, befördert den Urin, und stillt das Erbrechen beim Eintritt der Wechselfieberanfälle und den Brechdurchfall.

In Verstopfung der Gekrössdrüse saturiert man Qj Weinsteinsalz mit Essig und vermischt damit Uj Rhabarbertinktur und gr: j Brechweinstein. Die Dosis davon sind 40 – 60 Tropfen in hinlänglichen Getränke.

34) Tartarus solubilis

Dieses Mittel attrasiert sehr leicht Feuchtigkeit und muss daher sehr gut für der Luft verwahrt werden. Es ist dieser Tartarus einer der besten Digestive, er öffnet, verteilt und treibt Urin. Man gibt ihn von S – Qß. Mit Glaubersalz, Vitriolöl und Essigsäure, Pamarinde und Weinsteinrahm darf er nicht verbunden werden, weil er sich sonst zersetzt, und seine mittelsalzigen Kräfte verliert. Er wirkt wie eine Seife, verdünnt die zähen Säfte und zerteilt Verstopfungen. Das ist der Fall besonders in der Hypochondrie, Manie, Gelbsucht, Darrsucht, Gicht, Wassersucht und Wechselfiebern. Am besten gibt man ihn in dem Liquore digestivo.

35) Liquor digestivus

Rp. Tartari solubil. Uiß

Salis ammoniaci Uß

Flavedinum cort. aurantior. Uj

Aquae ferventis ttj

Decoque et colaturae adde

Spiritus vini restificati Uj

Die Gabe ist 40 – 60 Tropfen.

36) Extractum Saturni

Rp. Lithargyrii pulverisati ttj

Aceti vini ttj

Coque per horae spatium bacillo lique agitando et quod post massam subsidentem in fiendo clarissimum eft, cola!

Die Kräfte sind zusammen ziehend folglich stillend, kühlend, austrocknend. Man braucht es zu der Aqua vegeto mineralis. Ein Esslöffel gibt einer bis zwei Kannen hinlängliche Kräfte, wozu am besten Regen- oder Schneewasser genommen wird, weil in diesem das Blei nicht zu Boden sinkt; zu einer jeden Kanne kann man noch zwei Esslöffel voll Brandwein hinzufügen. Dieses vegetomineralische Wasser braucht man bei Entzündungen von Verbrennen, bei Quetschungen, der blinden Goldader, verdünnt, wie oben gezeigt worden, in häutigen Augenentzündungen, als Einspringungen und Fisteln und in der Schleimperiode des Trippers, endlich in vielen äußerlichen Geschwüren, besonders den varikösen, selbst im Brande mit China verbunden, in der Einklemmung der Brüche kalt auf den Bruch gelegt. Man kann die Aqua vegeto mineralis auch ex tempore machen, wenn man 1 Quentchen Sacharum saturni mit einer halben oder ganzen Kanne Regen oder Schnee Wasser auflässt und Uj – ij Weinessig hinzusetzt.

37) Tinctura thebaica s. Laudanum liquium

Rp. Opii thebaici Uij

Creci austriaci Uj

Florum cassiae

Caryophyllor. aromaticor. au. Qj

Spiritus vini tenuioris Uxx

digere per triduum et cola

Unter 10 Gran ist 1 Gran Mohnsaft, man gibt sie daher nur zu 10 – 15 Tropfen. Diese Tinktur hat eben dieselben Kräfte als das Pulv: anodynos, nur mit dem Unterschied, dass dort der Mohnsaft mit kühlenden und einsaugenden, hier aber mit reizenden und gewürzhafter Substanz verbunden ist. Dadurch bekommt die Tinktur etwas erquickendes und stärkendes. In dem Puv: adyno kann aber die Gabe des Mohnsaftes genauer bestimmt werden. Von der thabaischen Tinktur macht man vorzüglich Gebrauch, wenn man schnelle Wirkung von dem Mohnsaft haben will, denn in Tropfen wirkt derselbe geschwinder.

Alle Opiate mäßigen die Nervenkraft und machen sie gegen die erregenden Reize unempfindlich. Dies tun dieselben, sie mögen innerlich oder äußerlich angewendet werden. Sie nützen daher in allen Krämpfen und Schmerzen. Man gibt folglich die thebaische Tinktur bei heftigen Erbrechen von zu großer Empfindlichkeit des Magens, in starken Durchfällen und Koliken wenn die Unreinigkeiten entfernt sind, oder wenn man weiß, dass bloße Erkältung daran Schuld ist. Eben so nützt sie in dem Brechdurchfall in der Ruhr, wenn vorher die reizenden Ursachen entfernt sind, wo Entzündung oder faulichter Stoff vorhanden ist, schadet der Mohnsaft. In hypochondrischen Krämpfen, Nierenschmerzen, Krampfhusten und Blutflüssen mäßigt unsere Tinktur dieselben durch Beruhigung. So befördert das Vordringen der fieberhaften Hautausschlägen, wo ein provisorischer Krampf sie im Vordringen hindert. In der Schwindsucht mindert sie den Husten, befördert den Schlaf und hemmt die schwächenden Durchfälle. In dem schmerzhaften trockenen Brande der Füße leistet unsere Tinktur Wunder; eben so auch in venerischen Knochenschmerzen, Gliederreißen und allen Folgen eines unterbrochenen Trippers. Vor und nach allen chirurgischen Operationen gegeben, hat unsere Tinktur und das Pulv: andynos das Vorzüglichste, dass sie die Folgen und Einwirkungen auf das Nervengebäude verhüten. Äußerlich wendet man sie an, mit dem Linimento volatiti gegen Krämpfe und chronische und rheumatische Schmerzen und für sich gegen schmerzhafte Geschwüre mit ganz vorzüglichen Erfolge.

38) Liquor anodynus

Dieses Mittel hat erquickende Kräfte. Man gibt von g tt 10 – 15 auf Zucker oder im Wasser. Als krampfstillendes Mittel wirkt es in Krämpfen der Verdauungswerkzeuge, besonders dem Magenkrampf, wider die hypochondrischen Blähungen, Ängstlichkeiten und gegen nervigten Schlucken und Krampfkoliken. Als erquickende Arznei tut es große Dienste in Ohnmachten vor Ermattung, Nerven und Faulfiebern, in Ruhren; als beides zugleich wirkt es in den nervichten Kopfweh, in dem wässrigen und nervigten Schlagfluss, in Lähmungen und wider die Gicht. Mit gleichen Teilen Tinctura thebaica verbunden, wird die krampfstillende Eigenschaft gar sehr vermehrt. Eben so gewinnt man durch einen Zusatz von Spiritus corni cervi, wo man Trieb nach der Oberfläche zum Endzweck hat.

39) Spiritus camphoratus

Rp. Spiritus vini redtificati ttj

Camphorae Uiß

m.

Es hat dieser Spiritus zerteilende, stärkende Kräfte; dabei ist er auch sehr reizend. Man kann ihn ex tempores machen, wenn man die eben angeführte Ingredenzien vermischt und untereinander schüttelt. Man braucht ihn bei Verrenkungen, Schwäche der Sehnen und Bänder, in Vorfall des Zapfens, in dem langwierigen Gliederreißen und der Lähmung, im Brand bei Balggeschwülsten. Verwundungen und Entzündungen muss er gemieden werden, weil er hier erhitzen und großen Schaden verursachen würde.

40) Spiritus cornu cervi

Dieser Liquor hat alle Kräfte des flüchtigen Laugensalzes. Es ist Säure dämpfend, krampfstillend und schweißtreibend, auch urintreibend und schmerzstillend, auch stärkend. Wegen des anklebenden brenzlichten Öls, reizt er die lebendigen festen Teile, erregt die Nervenkraft, und vermehrt die Wirksamkeit des Herzens und der Gefäße. Man braucht ihn in allen krampfigten und konvulsinischen Zufällen, bei der Epilepsie, in Nervenfiebern, beim chronischen Gliederreißen und der Gicht, in wässrigten Schlagfluss und allen schlagsüchtigen Krankheiten, in Krampfkoliken. Er passt vorzüglich für eine schlaffe und minder lebhafte Faser, und muss bei strammen und reizbaren entweder gar nicht, oder behutsam angewendet werden.

Mit Weinessig gesättigt, wird es Spiritus mindereri, welcher als eröffnendes, exzitierendes, harntreibendes und schweißtreibendes Mittel in Nerven und Ausschlagsfiebern, in gichtischen und rheumatischen Zufällen nützlich ist. Innerlich gibt man Spiritus cornu cervi zu 20 – 30 Tropfen in Wasser. Äußerlich benutzt man ihn in dem Linimento volatili.

41) Spiritus salis ammoniaci

Wird gemeiniglich äußerlich zum Riechen und mit Öl verbunden, in dem gemeinen Linimento volantili Londinensi gebraucht. Er ist das größte Hilfsmittel bei Ohnmächtigen, bei Epileptischen, Schlagflüssigen und Scheintoten. Man hält ihn vor die Nase und gibt etwas mit hinlänglichen Wasser verdünnt in den Mund. Äußerlich stärkt er rheumatische, gelähmte, erfrorene Glieder und kalte Geschwülste. Besonders nützt er, wenn man einen Teil mit sechs Teilen Oleum petrae verbindet und etwas Kampfer hinzusetzt. Innerlich kann man ihn nur mit vielen Wasser verdünnt von 10 – 30 Tropfen in sehr betäubenden Fällen als Excitans und Resolvens geben. Dies ist der Fall im Steckfluss in wässrigten Schlagfluss, im Scheintode, in chronischen Gliederreißen, in der Lähmung und Hundswut, selbst in dem äußersten Grad der Kälte eines Wechselfieber-Anfalls.

42) Farina Lini

Ist das größte Emolliens innerlich und äußerlich. Innerlich wird ein Kaffeelöffel voll mit 1 Kanne Wasser ,gebrüht, und als Emolliens in allen Krankheiten gebraucht, wo man Reiz besänftigen und so die Fasern erweichen muss. Besonders gilt dies von Entzündungs- und Faulfiebern, Brust- und Harnblasen Krankheiten und vorzüglich den Koliken und Ruhren. Äußerlich wird eben dieselbe Quantität mit derselben Menge Wasser gekocht und als Fomentum und Clysma emolliens angewendet.

Als Cataplasma wird die Farina lini zu einem dicken Brei mit Wasser gekocht, täglich 2 mal appliziert und in tiefen Entzündungsgeschwülsten, Eiterbeulen, sehr schmerzhaften Wunden gebraucht, um Schmerz zu lindern und Eiterung zu befördern.

43) Species resolventes

Ein Pugillus wird mit ½ und auch 1 Kanne Wasser gekocht, aber nur mit einem Aufwallen, weil sonst ihre flüchtigen Kräfte vergehen. Innerlich werden sie als Blähungstreibender und stärkender Tee getrunken, und äußerlich wider Stockungen der Säfte und Schwäche der festen Teile angewendet. Hier findet auch ein Zusatz von Spiritus camphorato oder saponato statt. Aber alsdann darf ein solcher Teil nicht entzündet sein, Bei Entzündungen ist nur ein Zusatz von Bier- oder Weinessig angemessen.

44) Species pectorales

Fünf Finger voll geben einer ganzen Kanne Wasser hinlängliche Kräfte. Man kann sie in allen Krankheiten als erweichendes und einwickelndes Decoct gebrauchen.

45) Gummi arabicum

Ist erweichend, schlüpfrich machend und einwickelnd. Die reizenden Säfte und Substanzen, welche empfindliche Oberflächen des Körpers berühren, werden abgestumpft, und die bloßen, empfindlichen und reizbaren Fasern beschützt. Daher tut das arabische Gummi so gute Dienste in der Ruhr, der Harnstrenge, dem Tripper, dem Husten, der Heiserkeit. Man gibt innerlich Sj auf einmal in hinlänglichen Getränke. In der Ruhr setzt man einen Kaffeelöffel voll unter eine halbe oder ganze Kanne Leinsamen-Tee und lässt solches in Menge trinken. Die Stelle des Gummi arabici kann das Kraftmehl oder weiße Stärke ersetzen. Wenn man davon 2 Teile mit einem Teil Cremor tartari oder Pulvis ad polum verbindet, und einen Esslöffel voll mit einer Kanne Wasser abkocht, so hat man ein sehr gutes schleimigtes Getränk. Ebenso kann auch der Reis von Graupenschleim in der Ruhr getrunken werden. Radix althae substituiert gleichfalls das Gummi arabicum. Äußerlich nützt das Gummi arabicum in Schleim mit Wasser verwandelt, in Augenentzündungen und Halsweh als beschützendes Mittel.

46) Kermes minerale

Ist nach dem Tartaro emetico samt dem, Sulhure antimonii aurato, welcher von ihm sehr wenig unterschieden ist, das beste Antimanialmittel. Es wirkt durch seinen Reiz wie der Brechweinstein auf alle Secretoria.

In großen Gaben macht es Brechen, in kleinen Abführen, Schweiß, Auswurf pp. Man bedient sich dessen in Ausschlagsfiebern, in Brustfiebern, in Gliederreißen, in der schleimigten Engbrüstigkeit, im Steckfluss und gemeinen Katarrhusten, in skrophulösen Geschwülsten der Drüsen, in Verstopfung der Eingeweide, in Kachexie, in Wechselfiebern und der Wassersucht. Mit gleichen Teilen Mercurius dulcis verbunden, macht es das Pulvis alteraus, ein gutes Mittel wider die Lustseuche. Wenn man zum Kermes Säure setzt, so wird die brechenmachende Eigenschaft erregt, und sein Reiz lebhafter, daher verbindet man auch das Kermes minerale mit dem Pulvere ad potum als Resolvens und Diaphoreticum. Die Stelle des Kermes vertritt der Tartarus emetious. Statt einen Gran Kermes nimmt man aber nur ¼ oder 1/8 Gran Tartar. Emetious. Man gibt den Kermes von ¼ bis zu 2 Gran am besten mit einem Absorbente. Das Pulvis alterans wird von 4 – 6 Gran auf ein Mal verordnet.

47) Marcurius dulcis s. Calomel

Seine Kräfte wider die Lustseuche sind bekannt. Außerdem wird er angewendet als Wurmmittel, in Knochenkrankheiten, hartnäckigen Wechselfiebern, gelinder Verstopfung der Eingeweide, der Wasserscheu, in Skropheln der bösartigen Bräune, im schwarzen Star, wider die Starsucht und in der Ruhr. Calomel ist in der Ruhr als ein Hauptmittel gleich im Anfange der Ruhr gegeben, außerordentlich gelinde und kräftig. Es scheint sogar eigentümlich gegen diese Krankheit zu wirken; die mehresten Purgiermittel vermehren oft die Schmerzen, Calomel vermindert sie aber nicht selten augenscheinlich. Man gibt das Calomel in Pulver in der Ruhr des Vormittags 3 mal zu 5 Gran mit 10 Gran Salpeter in einen Absorbende. Vor Säuren muss man sich hüten, denn sie zersetzt das Calomel und verwandelt es in Sublimat. Des Nachmittags lässt man den Pulv: anodynum nebst Klistieren und Einwirkungen mit dem Linimento volantili nehmen. Dabei wird Infusum lini getrunken.

Mehrentlich muss, wenn die Ruhr rheumatisch ist, ein Aderlass vorhergehen. Als Resolvens und Alterans gibt man ½ - 3 Gran täglich als Purganz aber auf einmal 6 – 10 Gran.

48) Pulvis absorbens s. leniens

Rp. Conoharum praparatar ttj

Magnesia edinburgensis ttß

Salis tart: Uj

Cort: aurantior: Curassavensium Uvj

m.f.P.

Die Kräfte dieses Pulvers sind einsaugend, säuredämpfend, blähungstreibend, abführend und magenstärkend. In einem jeden Skrupel ist ein Gran Atcali. Die Gabe ist daher Sß bis Sj. Man bedient sich desselben mit ganz besonderen Nutzen wider krampfigte und hypochondrische Beschwerden, in Schwäche des Magens, Sodbrennen, Magenhusten, Koliken, Blähungen und Schleimsämerleider. Es dient eben so wider Kurzatmigkeit, Herzklopfen, Schwindel, Kopfweh und Ohnmachten von Schwäche der Verdauungswerkzeuge. Wider Verstopfungen der Eingeweide und in der Schleimperiode des Trippers ist es gleichfalls sehr wirksam.

49) Pulvis antipsoricus

Rp. Florum sulphuris ttiij

Antimonii crudi

Salis Glauberi calcinati adde ttiß

Radix gentianae rubrae s. ireos florentinae ttj

m.f. Pulvis.

Man gibt davon täglich 2 mal Sj in einem angemessenen Decoct. Die Kräfte derselben sind verändern, eröffnend, schweißtreibend und magenstärkend; Erfordernisse welche in allen Hautkrankheiten, wo die ersten Wege unrein sind. Aller 8 Tage muss daher auch ein abführendes Mittel genommen und viel dabei getrunken werden.

50) Pulvis pro Unquento antipsorico

Rp. Baccarum lauri vel hujus loco Rad. helle bori albi,

Sulphuris citrine

Vitrioli albi s. salis communis ad. ttj

m.f. Pulvis

Man muss sich in Acht nehmen, dass man ja nicht dieses Pulver innerlich nehmen lässt. Es muss dahero vorsichtig aufgehoben werden. Man nimmt Uj vermischt damit Uß Rübsen- oder Leinöl und macht es zu einer Salbe, wovon man alle Abende einer Haselnuss groß in beide flachen Hände und eben so viel in beide Fußsohlen einreiben lässt, dabei wird der Pulvis antipsoricus der vorigen Nummer innerlich gebraucht, viel getrunken und fleißig abgeführt. Beim Ausschlage hilft zur Heilung sehr viel, wenn man die Krätzblattern fleißig mit Salz- oder Seifenwasser oder Lauge wäscht. Je fleißiger dieses geschieht, desto geschwinder ist die Heilung. Daher sind auch laue Bäder so wirksam.

51) Radix Jalappae

Man gibt sie Qß – Sij als abführendes Mittel. Sie ist wirklich unter den Purganzen das sicherste und wirksamste Mittel. Sind viel Unreinigkeiten vorhanden, so lässt man einige Tage vorher Pulv: digestiv. oder absorb. nehmen und gibt sie mit ½ oder ganzen Gran Brechweinstein.

52) Pulvis ad potum

Rp. Cremor tart. ttiv

Nitr. depurati ttj

Unter einen Skrupel befinden sich 5 Gran Salpeter. Die Kräfte dieses Pulvers sind kühlend, faulungswidrig und urintreibend Man wendet es daher in allen hitzigen Krankheiten mit dem besten Erfolg an. Alle 4 Stunden kann davon Sj in lauen Getränke gegeben werden, denn in kalten Getränke erregt der Salpeter Erbrechen. Es nützt in Wechselfiebern, in Flussfiebern besonders mit Brechweinstein verbunden, in nicht fauligten Ausschlagsfiebern, in allen Entzündungsfiebern, in scharfen Gliederreißen, in der Gicht und Kolik von Entzündungen, in Zuckungen, Schwindel, Schlagfluss und der Fallsucht vom Blute, in allen hitzigen Blutergies-sungen, der Ruhr, der Goldader und Harnverhaltung, in der Entzündungswinde des Trippers, der hitzigen Wassersucht und derjenigen Wassersucht welche von fehlerhafter Exhalatio cavorum entsteht, in dem Entzündungs-Stadio der Schwindsucht und der gewöhnlichen Gelbsucht.

53) Pulvis digestivus

Rp. Cremor tartari

Salis Glauberi calcinati ad. Libr. IV

Salis ammonniaci ttj.

m.

Dieses Pulver hat faulungswidrige, auflösende, kühlende und gelind abführende Kräfte. Unter 18 Gran sind 2 Gran Salmiak. Von 18 Gran bis zum halben Quentchen ist die gewöhnliche Gabe, täglich 4 mal.

Man braucht es überall wo Unreinigkeiten in den ersten Wegen befindlich sind, um dieselben aufzulösen und beweglich zu machen. Es zeigt sich daher in folgenden Krankheiten sehr wirksam. In den Wechselfiebern an guten Tagen besonders von den Brechmitteln, in hitzigen Fiebern wenn sie von Unreinigkeiten der ersten Wege herkommen, in Katarrfiebern wo die Entzündungsperiode abgekürzt und der Schleimfluss erleichtert wird, in Faulfiebern ehe die Schwäche eintritt um die Unreinigkeiten zur Ausführung geschickt zu machen, in allen Entzündungsfiebern um den Schmerz zu entfernen, in Gliederreißen und der Gicht, in der Unverdaulichkeit und der Indigestionskolik, wie auch, wenn sie von Entzündung entsteht, in dem Leber- und Milchschmerz, bei Verstopfung der Eingeweide und nach Fiebern, in dem Schwindel von Vollblütigkeit und von

Unreinigkeiten, in dem wässrigen Schlagfluss und der schleimigten Engbrüstigkeit, in der Melancholie und um die Hypochondrie zu erschlaffen, in der Goldader von Verstopfung der Eingeweide, in Erbrechen und Durchfall von Unrat, in Verstopfung des Leibes, Harnstrenge und Harnverhaltung in der Schleimperiode des Trippers, Kachexie, gemeiner und periodischer Gelbsucht und dem Ausschlage.

54) Pulvis Evacuans

Rp. Salis Glauberi calcinati ttij

Pulvis rad. Jalappae ttj

m.

Die Kräfte sind einschneidend, gelinde auflösend, abführend und wirkt als Digestiv und Evacuans. Die Verhältnisse der Mittel sind diesem Endzweck sehr angemessen.

Die schwächenden Eigenschaften des Glaubersalzes mäßigt die Jalappe und die reizenden der Jalappe mindert das Glaubersalz. Man darf sich folglich in dieser Mischung für die Jalappe nicht fürchten. Unter Sj sind gr. v. Jalappe. Man gibt es daher nicht stärker als von Sß bis Sj täglich ein auch zweimal des Vormittags. Die Krankheiten in welchen es Nutzen leistet sind folgende : Wechselfieber wenn die Unreinigkeiten beweglich sind, nach Digestiven wenn Turgesgenzen im Unterleibe sind, Unreinigkeits- und Gallenfiebern um den Schmerz zu entfernen, bei Faulfiebern im ersten Anfange, wo der Patient noch Kräfte hat und keine Inflamatio putrida vorhanden; Ausschlagsfiebern, wo Unrat Anteil hat; Entzündungsfiebern mit vielen Unreinigkeiten ohne dass

Viscera abdominis Anteil nehmen; langwieriges Gliederreißen, Kopfweh nach Unreinigkeiten, Augenentzündungen um stark abzuleiten; Sodbrennen nach zerstörten sauren Stoffe, Magenkrampf, Unverdaulichkeit, gastrichen Schwindel, seröser und gastrischer Schlafsucht, wässrigen Schlagfluss, Lähmung, schleimigter Engbrüstigkeit, Fallsucht, Melancholie, Leibesverstopfung von Schwäche und unbeweglichen Unrat, chronischen Tripper, Wassersucht und Windsucht, Lustseuche und Ausschlag.

55) Pulvis pro infuso theiforme

Rp. Selmin. lini ttj

Selmin. anisi s. foeniculi

Rad. liquiritiae ad. U iv

pulv. m.

Ein Skrupel mit 2 Kannen Wasser gekocht, teilt denselben erweichende und den Auswurf befördernde Kräfte mit.

Es kann das Decoct desselben überall als ein anfeuchtendes und nicht schwächendes Getränk verordnet werden. Eine kleine Quantität enthält außerordentlich viel Schleim in sich. Man kann es als einen Portum communem brauchen. Besonders empfiehlt es sich als Infusum in den Flussfiebern um den Husten zu mäßigen, der Bräune zum Gurgeln und als Getränk; der Bauchentzündung als beschützendes Mittel, der Nerven- und Harnblasenentzündung, als einfüllendes Getränk, dem Gliederreißen, eben so in der Gicht, der Augenentzündung, externe als Augenwasser und interne als Emoliens, dem Ohrweh um Spannung zu mäßigen, dem fieberlosen Brustweh, der Kolik um zu erschlaffen, dem Stein um Schmerzen zu lindern und einzuwickeln, der Engbrüstigkeit um den Auswurf zu befördern, den Zuckungen, den Husten, dem Brechdurchfall, gemeinen Durchfall, der Ruhr, Harnstrenge, Harnverhaltung, dem Tripper und zwar sowohl im ersten als im zweiten Zeitraum, der Schwindsucht, Darrsucht, Gelbsucht, dem Scharbock, der Lustseuche und dem Auschlag.

56) Pulvis temporans

Rp. Cremoris tartari

Salis Glauberi calcinati ad. Libr. Ij

Nitri depurate Libr. J.

m.

Die Kräfte sind gelind abführend und kühlend. Sie halten zwischen dem Pulv: ad portum und digestivo das Mittel. Die Gabe ist um gr. xv bis Sj, denn unter Sj sind gr. v Salpeter.

In allen Fällen was das Pulvis ad portum rekommandiert worden ist, findet auch dieses Pulver statt, wenn man Absicht hat den Leib zu eröffnen. Man kann es als ein Digestiv betrachten und dem Pulv: digestivo substituieren,

57) Sal Glauberi calcinatus

Dieses vortreffliche Salz ist einschneidend, eröffnend, zerteilend und harntreibend. Kalziniert enthält Uß die Kraft von Uiß. Man gibt es daher als Resolvens von gr. x – xv und als abführendes Mittel von Uß bis Qvj. Es empfiehlt sich besonders bei gallichten Krankheiten, in

Verstopfung der Eingeweide und hartnäckigen Gliederreißen, auch überall wo die Säfte verdünnt werden müssen. Es hält den Leib sehr gut offen. Das weitere ist aus der Materia medica bekannt.

58) Acetum vini

Wird auf Märschen den Maroden gereicht zur Erquickung. Ein Schluck Essig gibt neue Kraft und Tätigkeit. Außerdem wird er unter das Getränk gemischt um zu kühlen, der Fäulnis zu widerstehen, zu erquicken, Schweiß und Urin zu treiben. Überall wo das Oleum vitrioli empfohlen worden ist, findet auch das Acetum vini statt, und eins kann dem andern füglich substituiert werden.

Was man ehedem glaubte, dass die Vitriolsäure das Blut verdicke, der Essig aber dasselbe verdünne, ist ein Studierstubeneinfall. Freilich verdickt die konzentrierte Vitriolsäure das aus der Ader gelassene Blut, aber da wir diese Säure mit Wasser verdünnen, wie oben ist gelehrt worden, so leistet sie eben dasselbe wie der Essig. Im Winter und überall, wenn und wo man keinen Essig haben kann, vertritt demnach gehörig verdünnte Vitriolsäure mit Recht die Stelle desselben äußerlich wie innerlich.

Wider die vegetabilischen betäubenden Gifte, ist der Essig und verdünnte mineralische Säure ein Gegenmittel. Wider die ätzenden Pflanzengifte leistet sie aber nichts. Äußerlich wendet man den Essig in Bähungen wider Entzündung, Brand, Quetschungen, faule und stark eiternde Geschwüre mit Nutzen an. Beim Nasenbluten wird er mit Charpie in die Nase gebracht.

Wider Faulfieber, Gallenfieber und hartnäckiger Verstopfung leisten Klistiere mit Essig große Dienste. Äußerlich kann man statt des Weinessigs gewöhnlichen Weizenessig nehmen; nur dass man von diesem mehr nehmen muss als von jenem.

59) Aqua Styptica Rabelii s. Elixir: acidum Halleri

Rp. Spiritus vini rectifivcanti ttiij

Olei vitrioli albi ttß

m.

Dieses Mittel hat zusammenziehende und antiseptische Kräfte; es wird innerlich und äußerlich gebraucht. Innerlich gibt man nicht mehr als 8 Tropfen in einer halben Tasse Trank. Äußerlich braucht man es entweder für sich zum Blutstillen oder macht daraus die Aqua travmatica Thedenii. In dieser Absicht vermischt man einen Esslöffel mit U vj Wasser. Innerlich temperiert es, wickelt faulichte Schärfe ein, mäßigt die Bewegung des Bluts und Nervenunruhen. Es wirkt vorzüglich gegen gallichte Unreinigkeiten und ist zugleich urintreibend. Es nützt daher in Wechselfiebern während der Hitze, in einfachen anhaltenden Fiebern, in heftigen Kopfweh und Irreden, in Faul- und Nervenfiebern, in Blattern und allen Ausschlagsfiebern, wenn besonders das aufgelöst ist, in allen Entzündungen als kühlendes Mittel, in den Rheumatismus und der Gicht, besonders in dem einfachen Kopfweh ohne Säure in den ersten Wegen, in der Verdaulichkeit von gallichten Unreinigkeiten, in Hypochondrie, in Schwindel, von Erhitzung, in der Ohmacht von Verlust der Kräfte und Erhitzung, in Blutschlagfluss, in Zuckungen und der Fallsucht, in allen

Blutflüssen besonders wenn das Blut durch zu große Hitze oder faulichte Stoffe aufgelöst ist, in nervichten und hektischen Erbrechen, in der faulichten Ruhr, in den Eiterflüssen der Harnblase, in der Schwächungsperiode des Trippers, in der Lungensucht, den Scharbock und dem Ausschlag.

Äußerlich ist es, in Thedensches Wasser verwandelt, entzündungswidrig, zusammenziehend, zerteilend und der Fäulnis widerstehend. Es ist daher anwendbar in allen Entzündungen, in faulichten und skorbutischen Geschwüren, um feste Teile zu stärken, in Schusswunden, Quetschungen, Verbrennungen, in Wunden der Schlagadern. Wenn man einen Esslöffel voll Rabelsches Wasser und Qß Salmiak und ½ Kanne Wasser zusammenmischt, so hat man einen vortrefflichen Umschlag. Sechs Tropfen Rabelsches Wasser in einer Tasse Wasser gemischt, wird ein vortreffliches Augenwasser.

60) Oxymel simplex

Hat sehr auflösende, antiseptische, schweißtreibende und erquickende Kräfte. Man gibt es in allen scharfen Krankheiten innerlich, entweder in Getränke oder als Saft mit Salpeter und Vitriolsäure versetzt. In allen hitzigen gallichten und Faulfiebern ist es sehr wirksam, in allen innerlichen Entzündungen, in der Lungensucht besonders mit Vitriolsäure verbunden, in der Bräune unter Gurgelwässer gemischt, in dem Husten mit Meerzwiebelessig versetzt, ist Sauerhonig von besonderen Werte.

61) Tinctiura refrigerans

Rp. Flor: papaveris errativi Uj

Flor: sambuci Uß

Olei vitrioli Qij

Aquae bullientis ttiv

infunde per noctem, Tincturae colatae adde

Sachari albi Uj

m.

Diese Tinktur hat kühlende, die Ausdünstung befördernde, antiseptische Kräfte. Sie wird als ein Julap in allen hitzigen Krankheiten und Blutflüssen gegeben, und nützt überall da, wo die Aqua stiptica innerlich empfohlen worden ist.

62) Acetum scilliticum

Die Zubereitungsart ist bekannt. Es eröffnet und treibt den Urin. Auf den Schleim wirkt es auflösend. Man gibt ihn von einen Kaffeelöffel bis zu einem Esslöffel als Brustmittel und harntreibende Arznei in vielen Getränken. Mit 2 mal so viel Oxymel simplex versetzt wird Oximel scilliticum. In Wassersucht, Katarren, Steck- und Schlagflüssen, Engbrüstigkeit, in der Lungen- entzündung, jedoch nicht eher als wo die Krisis durch Auswurf geschieht, besonders mit Mineralkermes verbunden, leisten beide Mittel sehr gute Dienste. In großen Gaben erregt die Meerzwiebel Erbrechen. Bei Kopfbeschädigungen, Schlagflüssen, starken Ver- stopfungen wird ein Esslöffel voll unter ein Klistier gemischt. In Gurgelwässern nützt es in dem wässrigen

Halsweh, in schweren Gehör von verschleimter Tuba Euslachii.

63) Linimentum volatite

Rp. Olei lini s. napi ttj

Sprit: cornu cervi Uiv

m.

Durch diese Verbindung ist das Linimentum weit kräftiger als nach der gewöhnlichen Art. Das Rübsen- oder Leinöl ist frischer als das Baumöl und der Hirschhorngeist ist milder und wirksamer als der Spritus salis ammoniaci. Es hat zerteilende Kräfte. Man braucht dieses Liniment in allen innerlichen Entzündungen des Halses, der Brust und des Unterleibes, in Gliederreißen, der Kolik, Wind- und Wassersucht. Es wird aller 4 – 6 Stunden erneuert und hat schweißtreibende Kräfte.

64) Spiritus Saponatus

Rp.Saponis alicantini Uvj

Salis alcali Uj

Gummi benzoes Uß

Spiritus vini rectificati ttiv.

m.

Dieses Mittel zerteilt die Säfte und erhöht die Nervenkraft. Es leistet daher gute Dienste in der Lähmung, in Gicht-Geschwülsten, in den spätern Perioden des Erfrierens der Glieder, in Quetschungen ohne Wunden, in Magenweh; äußerlich in allen Hautkrankheiten.

65) Tinctura salina

Rp. Cort: aurantior: Curassavensium

Rad. gentianae rubrae adde Uij

Aquae ferventis ttiv

Salis tartari Uiv

Per quatriduum digesta exprime et adde Spirit: vini
rectificanti Ux

Diese Tinktur hat säurezerstörende, zerteilende und reinigende Kräfte welche zugleich den Magen und die Verdauungswerkzeuge stärken. Sie übertrifft alle Laugenartigen Tinkturen, selbst diejenigen, welche von dem Antimonio den Namen führen. Solche so genannte Antimonial Tinkturen erhitzen und haben so wenig laugenartige und Sprießglanzteile, dass sie nichts besonderes leisten können. Man gibt sie 2 bis 3 mal des Tages zu 20 – 60 Tropfen in einer halben Tasse Trank. Der Nutzen ist augenscheinlich, in Unverdaulichkeit, Magensäure, Fehler der Leber und Milz von Verstopfung, Drüsengeschwülsten des Gekröses und der Sauggefäße, Magenhusten, langwierigen Gliederreißen, Ausschlag, Steinbeschwerden und Schleimperiode des Trippers.

66) Pulvis febrifugus

Rp. Cort. aurantior. curassavensium cassiee

Rad. gent. rubrae aa. Partes aeqvales

m.f.Pulv:

Die Dosis ist Sj – Anstatt der Extractorum amaronum und in allen Fällen, wo die Tinctura salina gebraucht wird, gibt man auch dieses Pulver.

Verzeichnis

derjenigen Arzneien, welche in den Feldkästen der Grenadiers vom Regimente Gen.Maj. v.Niesemeuschel befindlich sind.

Oberste Einlage

<u>Mittel Gläser</u>

<u>Pulvergläser</u>

1) Pulv: pectoral: selli	Uiv
2)Pulv: resolvens	Uxiij
3) Pulv: febrifugus	Uvj
4) Unquent: Althae	Uviij
5) Unquent: basilicum	Uviij
6) Bals: vitae extern:	Uviiiß

<u>Tropfengläser</u>

1) Oleum vitrioli	Uxvj
2) Oleum lini	Uviij
3) Oleum lini	Uviij
4) Tinct: myrrhae	Uvj
5) Tinct: aromatica	Uvj
6) Bals: travmatica	Uvj

<u>Kleine Gläser</u>

1) Alumen crud.	Uij
2) Cort: peruviang	Uiß
3) Cort: cascarillae	Uiß
4) Pulv: anadyn.	Uij
5) Pulv: Rad: Ipecacuan.	Uiß
6) Pulv: antidiarrhoic	Uij
7) Camphor	Uiß

8) Sal: ammoniac.	Uiß
9) Tart: emetic.	Uij
10) Nitr: depurat.	Uij
11) Tart: tartarisat.	Uiß
12) Pulv: rad: Rhabar.	Uiß

<u>Adparatus</u>

1) Pulv: rad: Jalapp.	Uiv
2) Gummi arabici	Uvij
3) Mercur: dulc.	Uij
4) Kermes miner.	Uß
5) Emp: diachy.	Uix
6) Emp: nigr.	Uij
7) Unqt: huscum	Uij
8) Binden	

Unterster Einsatz

<u>Gläser</u>

<u>Pulvergläser</u>

1) Nitrum tabu.	Uiiiß
2) Pulv: absorb.	Uiv
3) Merc: pracip: rub.	Uß
4) Bals: Ivesian.	Uj
5) Sal: tart.	Uij
6) Pulv: cantharid.	

<u>Tropfengläser</u>

1) Liquor anodyn.	Uij
2) Spir: Sal ammoniac	Uij
3) Spir: cornu cervi	Uij

4) Tinct: anodyn.	Uij
5) Atrament	
6) Sachar: Saturn.	Uiij

Kästchen

1) Species pector.	ttj
2) Species resolv.	Uix
3) Farin: sem: lini	ttj Ux
4)Flores arnii	Uvj

Boden

Pulvergläser

1) Sal Glaub.	ttp Uxx
2) desgl.	
3) Cremor tart.	ttij
4) Pulv: digest.	2 ¼ Pfund
5) Pulv: tempor.	1 ¼ Pfund
6) Pulv: Theiform.	1 ½ Pfund
7) Pulv: Evacuans	1 ½ tt
8) Rad: valerian.	1 tt 5 Lt.
9) Rad: antipsoric.	1 tt
10) Pulv: rad: pro unqt: antips.	1 ½ Pfund
11) Pulv: rad: arnica	29 Lt.
12) Aqua Rabeli	2 Pfund

Mittelfach

1) Pulv: China	Uij
2) Pulv: rad: Scill.	Uiß
3) Spirit: Sapon.	Uij
4) Liniment voilatil.	Uvj

Maßangaben

Als Apothekergewichte wurden in Sachsen die Nürnberger Maße angewendet:

1 Pfund = 12 Unzen = 96 Quentchen = 288 Skrupel = 5760 Gran.

1 Pfund	=	357,840 g
1 Unze	=	29,820 g
1 Quentchen	=	3,728 g
1 Skrupel	=	1,243 g
1 Gran	=	0,062 g

Im Handel wurde genutzt 1 Pfund = 32 Loth = 128 Quentchen = 6.872 Gran = 8.848 Aß.

Im Text werden an Abkürzungen verwendet tt oder libr. (Pfund), U (Unze), Q (Quentchen), S (Skrupel) und gr. (Gran), insofern die Bezeichnung nicht ausgeschrieben ist.

Bei der nachfolgenden Anzahlangabe nutzt man römische Zahlen, wobei j ein Schluss-i bedeutet (z.B. iij = 3). Der Zusatz ß (= semi) bedeutet die Hälfte einer Dosis (z.B. Uiiß = 1 ½ Unzen).

Im Originaltext werden an Zeichen verwendet:

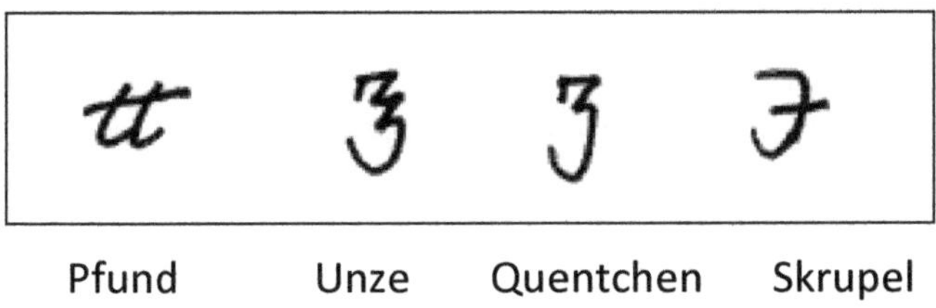

Pfund	Unze	Quentchen	Skrupel

Quellen

Hauptstaatsarchiv Dresden

Bestand 11340 Infanterie-Formationen; Akte No. 570

https://de.wikipedia.org/wiki/Apothekergewicht

https://de.wikipedia.org/wiki/Materia_medica

————

<u>An sächsischen Reglements und Instruktionen sind in dieser Reihe bisher erschienen:</u>

No.11 Allgemeine Dienstregeln für die Unterofficiers der Churfürstlich Sächsischen Infanterie vom Jahre 1802

No.17 Unterricht für die Scharfschützen bey der Churfürstlich sächsischen Infanterie vom Jahre 1804 (Reglement)

No.18 Reglement für die Königlich Sächsische leichte Infanterie zu den Uebungen außer der geschlossenen Ordnung vom Jahre 1810

No.24 Sammlung von Instruktionen der königlich sächsischen Armee 1810 – 1813 (Teil I)

No.25 Sammlung von Instruktionen der königlich sächsischen Armee 1810 – 1813 (Teil II)

No.31 Sammlung von Instruktionen der königlich sächsischen Armee 1810 – 1815 (Teil III)